—— 作者 ——

米里 · 鲁宾

伦敦玛丽女王大学中世纪史教授，历史学院院长。在耶路撒冷希伯来大学和剑桥大学接受教育，曾任教于剑桥大学和牛津大学。研究领域为中世纪欧洲的宗教文化和社会关系，著有《异教徒故事》（1999）、《空王冠》（2005）等。

A VERY SHORT INTRODUCTION

THE MIDDLE AGES

中世纪

〔英国〕米里·鲁宾 著
陈日华 许诺 ——译

译林出版社

图书在版编目（CIP）数据

中世纪 /（英）米里·鲁宾（Miri Rubin）著；陈日华，许诺译.
—南京：译林出版社，2024.1（2024.10重印）
（译林通识课）
书名原文：The Middle Ages: A Very Short Introduction
ISBN 978-7-5447-9960-7

Ⅰ.①中… Ⅱ.①米… ②陈… ③许… Ⅲ.①欧洲－中世纪史
Ⅳ.①K503

中国国家版本馆 CIP 数据核字（2023）第 218545 号

中世纪　[英国] 米里·鲁宾 / 著　陈日华　许　诺 / 译

责任编辑　田　智
装帧设计　孙逸桐
校　　对　孙玉兰
责任印制　董　虎

原文出版　Oxford University Press, 2014
出版发行　译林出版社
地　　址　南京市湖南路 1 号 A 楼
邮　　箱　yilin@yilin.com
网　　址　www.yilin.com
市场热线　025-86633278
排　　版　南京展望文化发展有限公司
印　　刷　徐州绪权印刷有限公司
开　　本　850 毫米 ×1168 毫米　1/32
印　　张　5.125
插　　页　4
版　　次　2024 年 1 月第 1 版
印　　次　2024 年 10 月第 2 次印刷
书　　号　ISBN 978-7-5447-9960-7
定　　价　59.00 元

序　言

侯建新

读者面前的这本《中世纪》，是牛津大学出版社*Very Short Introductions*庞大书系的一种，如今陈日华副教授翻译的中译本在译林出版社出版，谨致祝贺！

文艺复兴时期的人文主义者创造出“中世纪”（Medieval, Middle Ages）这个术语，最先将这个概念用于历史学的，是15世纪意大利史学家弗拉维奥·比昂多等。他们把西欧5世纪至15世纪的那一千年称作中世纪，意指古希腊罗马文明与他们所处时代两座文化高峰之间的“中间年代”，带有明显的贬义，是理智处于昏睡状态中的“死海之岸”，动荡且愚昧，直到人文精神出现才重新觉醒，“文艺复兴”由此得名。“文艺复兴”“黑暗时代”“中世纪”等欧洲人的话语和概念，传播至世界各地，塑造了人们对欧洲和欧洲历史的认知。

文艺复兴时期产生的“中世纪”概念以及相关的话语体系，带有明显的误判，后来西方人自己越来越清楚地认识到这一点，特别是19世纪末叶以降，学界主流看法出现大幅度的翻转。《中世纪》作者坦率地指出：“实际上，‘中世纪’用来描述公元500年至公元1500年之间的历史，是一个略显尴尬的术语。”当下人们还在使用它，不过是约定俗成罢了。人文主义者的误判，导致人们认知上的长期混乱。主要表现在两点：其一，不适当地抬高古典文明。大概出于博弈的考量，也是对古典文明认知有限，人文主义者无限美化遥远的古典世界，将罗马帝国覆亡后的历史判定为千年沉睡与愚昧。殊不知，人文主义者时代已处于传统社会迈向资本主义的转捩点，面临着时代性突破，岂是古典世界可比？！其二，将自己与古典文明绑定，为自己行为的合理性声张，结果不期而然，将西方文明与古典文明混为一谈。只要你使用那些概念，就是在重申相应的历史认知，以欧洲与古典文明为一体，不过中间停滞千年而已。

已有许多大方之家，包括经典教科书，对欧洲文明作了系统论述，欧洲文明是诞生于中世纪的新文明，是次生型文明，它与古希腊罗马文明有本质不同，尽管有着某种联系。西方不是指古希腊、罗马和以色列民族，而是西欧诸民族吸收古典世界的一些文化元素，予以改造的结果。况且欧洲采纳的对象不单单有古典文明，还有以色列，更有日耳曼和基督教的文化元素。一个基本事实是，公元5世纪后，文明主体变更，有着不同文化传统的日耳曼人，踏着罗马帝国的废墟入主欧洲，从此“西欧的政治命运永远地转移到了日耳曼侵略者之手”。[①]

辨明欧洲文明的身份，还其历史本来面貌是应有之义；更重

① 乔治·霍兰·萨拜因：《政治学说史》上册，盛葵阳、崔妙因译，北京：商务印书馆，1986年，第242页。

要的是，有助于认识欧洲文明的本质特征，毕竟欧洲培育出了人类历史上第一个以工业为主要生产方式、城市为主要生活舞台的文明，彻底地改变了整个人类生产和生活模式。公元500年至1500年的欧洲，所谓“中世纪”，无疑有黑暗的一面，诸如焚烧女巫运动，对“异端”的封杀，中世纪晚期教会腐化与堕落等。但中世纪绝非“空档期”。相反，它是不同文化的融汇期，更是开拓期。公元1000年以后，欧洲进入它的第一个青春期，第一个富有活力的阶段。中世纪充满了无序、躁动甚至暴力，同时非常具有原创性，在一个再发酵的文明之上，出现了不少有趣的、富有生命力的社会制度和社会组织方式。伦敦大学玛丽女王大学米里·鲁宾教授的《中世纪》，以其简洁和生动的叙述证明了这一点。

中世纪欧洲典型的文化符号是城堡与骑士，这些主题长久以来为研究者和读者所青睐。然而，《中世纪》这本通识读本别出心裁，作者试图让历史更具有包容性，让历史覆盖以前的历史学家所忽视的人和现象，尤其对欧洲普通民众和不同区域给予了特别关注。除了国王与贵族等上层人物之外，作者还考察了农民、商人、知识分子、女性与修女、犹太人等普通人物。这些人物的形象鲜活饱满，借助遗嘱、法庭上的证词等，我们看到他们既充满热情与虔诚，又嫉妒且贪婪。

作者还描述了普通民众的社会生活方式以及他们置身其间的社会组织，这里仅举社团制为例。我们知道，这样的社团制源自日耳曼人村庄共同体传统，进入中世纪以后，村庄共同体没有消失，仍然具有集体行动能力，成为中世纪乡村组织的重要部分。《中世纪》更多地介绍了社团制在乡村以外的发展。例如，城市行会努力就原材料价格进行谈判，包括纺织工匠的羊毛、木匠的木材、屠夫的牲畜等价格，并寻求城市委员会对行会政策的支持。此外，通过秘密宣誓和效忠，行会成员也受到约束，如严格遵守其规则，执行协议和支付会费等。行会对城市生活管理和财政收入举足轻重，因此在许多城市，每个行会都有代表加入城市委员会，成为政治代表的基础。

令人感兴趣的是，作者告诉我们，这种社团制不仅出现在地方乡村和城市，还上升到跨地区、跨国家范围，作用于整个社会层面。有时用于城市联盟，并获得该地区国王或皇帝的授权。后来，一个强大的商人协会将北方和波罗的海地区的城市联合起来，这就是著名的汉萨同盟。由100多个城市组成的汉萨同盟足够强大，它可以投资于打击海盗的军事行动，还可以与丹麦国王或英国国王进行卓有成效的谈判，允许商人自由通行，或确保同盟范围内的自由贸易。自治社团组织使社会充满活力，如同这个时期其他原创性社会制度一样，它肇始于中世纪，却对欧洲乃至世界历史产生深远影响。作者视野开阔，叙述起来却不失细节，简约而准确，见微知著。阅读此书，如同漫步在美不胜收的山阴路上，拿到此书，我几乎一口气读完。

日华曾连续跟我读完硕士、博士学位，现在南京大学历史学院任教。近十余年我在南京大学担任特聘教授，这样算来我们的交往竟有二十余年之久。日华是一位潜心学术和教学的新一代历史学人，不断有成果问世。作为子课题负责人，他参加了我主持的国家重大招标项目“欧洲文明进程”（16卷）；还参与了《新编剑桥中世纪史》（7卷8册）和《世界中世纪史译名词典》的翻译工程。这两套书分别由商务印书馆和中国社会科学出版社出版。由于良好的专业和语言基础，相信日华能够胜任《中世纪》一书的翻译工作。

《中世纪》和《新编剑桥中世纪史》，二者体量悬殊，风格迥异，然而它们都是史学作品中的明珠，对于国人了解欧洲文明的历史都有不可替代的独特价值。今天，译林出版社与牛津大学出版社联袂推出的《中世纪》即将与我国读者见面，可圈可点，希望大家喜欢这本简明读本！

2022年浅秋于天津

目 录

致　谢

我很荣幸受邀写作一本“牛津通识读本”，这是一次机会，也是一项艰巨的任务。无论是从历史学家那里学到的古今知识，还是回答学生问题时得到的领悟，我把其中大部分都运用到本书的写作中了。牛津大学出版社邀请了五位专家评价该选题，还有两位同事阅读了终稿：我非常感谢这些匿名合作者的建议。几位慷慨的朋友提供了有用的意见和关键信息，还有一些朋友以批判性的见解和鼓励，对全文进行了评论。其中包括马修·康普、彼得·登利、艾玛·狄龙、亚尼夫·福克斯、伊扎克·亨、艾尔·波莱格、马格纳斯·瑞恩、克里斯·斯帕克斯、加雷斯·斯特曼·琼斯、大卫·华莱士和西蒙·亚罗。

我非常感谢由艾玛·马领导的牛津大学出版社团队，他们充满活力，并且给予我指导和专业上的支持，也非常感谢多萝西·麦卡锡非常仔细地校对了终稿文本。

我将这本书献给我亲爱的朋友和杰出的历史学家舒拉米思·沙哈尔。

导　言

这本《中世纪》将提供两种方法，帮助我们充分了解欧洲历史上一个漫长的时期，即公元500年左右至公元1500年左右的“中世纪”。

“中世纪”这一术语——法语的中世纪（*Moyen Âge*）或意大利语的中世纪（*medioevo*）——描述的都是单一的“时代”，这其实是一种误导。单一的“时代”这一概念没能把握住真相，即我们面对的是一个广阔的领域，是一个处于不断变化中的长时段。当我们探求连续性和变化时，我们会发现这一时期的欧洲并没有按照单一的节奏生活。虽然从早期开始，意大利、伊比利亚半岛和法国南部的城市生活已经充满活力，但直到12世纪，英格兰和法国才发展出大量的城市中心和商业；直到13世纪，波希米亚才有同样的发展；而波罗的海地区则要等到14世纪。同样，欧洲各地区基督教化的时间也不同：罗马有着古老的基督教共同体，约公元500年法兰克人成为基督教徒，约公元1000年冰岛人成为基督教徒，波罗的海地区的利沃尼亚人到14世纪才基督教化。如果我们用宗教变迁来思考，那么在公元1200年后，堂区制度影响着大多数欧洲人；如果用农业生活的节奏来考虑，那么中世纪的许多方面直到18世纪仍然存在。

正如我们所见，在我们研究的这一时期，一些文化和民族开始接触，大多数情况下是相互学习；他们有时也会发生冲突，但最终会融合。罗马帝国的城市生活、基督教知识遗产、公民观念、贸易以及为公共利益服务的公职选举原则——共和国，这些都是它的遗产。日耳曼人虽然被视作野蛮人，是中世纪“留胡子的人”，但他们以血缘为基础的社会价值观和能力的影响越来越大，从我们所说的这个时代开始，他们已经成为罗马帝国的长期邻居，甚至是其中的一员。再加上7世纪以来伊斯兰教在地中海国家传播的影响，以及伊斯兰欧洲在塑造政治和传播全部知识领域中所起的作用，我们所研究的时代显现出自身的复杂性。当这些力量发挥作用时，各种形式的人类交流和互动方式便塑造了欧洲人的生活：征服、皈依、模仿、立法和信仰。

就连欧洲这个词也远没有固定下来。我将用它来描述一个广袤大陆的最西端，在这个地区，一个不断壮大的政治集团及其人民之间，形成了共同的基督教文化，其谱系与罗马帝国晚期有关。这些王国和人民形成了一个紧密的联合体，其基础是一体化经济，普遍的宗教生活框架，用拉丁语交流的文化精英，以及受婚姻、外交、战争和生活方式约束的世俗精英。

我们最感兴趣的是欧洲的人民和地区。自20世纪初以来，历史学家们一直试图让历史更具包容性，试图让历史涵盖先前的历史学家所忽视的人和现象。法国历史学家马克·布洛赫（1886—1944）教我们如何研究农业社会的多样性和动态性；雅克·勒高夫（1924—2014）展示了城市的文化和商业生活是多么丰富。在他们之后，还有许多历史学家研究这段跨越数个世纪的欧洲历史，使其变得多元和具有挑战性。除了国王和王后以及主教和贵族，我们现在还考察知识分子和农民、商人和女性、犹太人和修女。此外，我们关注他们使用的物品、他们生存环境的形态以及环境中的各种声音。由此产生了规范和越轨、延续和变化、人们生活的限制和脆弱，以及机会和愿望。

如果你即将在大学学习历史，或者通过旅行、电影或奇幻小说，对欧洲的过去产生了兴趣，那你可能会碰到“中世纪”这个术语，因此我们在这里也使用这个说法。但是，在考察这个术语的来源和假设之前，我们还不能这么做。所以，这本通识读本正是以此开篇。

第一章

“中”世纪？

“中”世纪：该术语的意思？

正如许多欧洲的概念那样，“中世纪”已经传播至世界各地，塑造了人们对欧洲和欧洲人的看法。实际上，“中世纪”用来描述公元500年至公元1500年之间的历史，是一个略显尴尬的术语。它暗示，这是一个发展滞缓的时期，处于其他两个重要时段之间，具有居中性。

创造出“中世纪”这个术语的人坚信自己的价值，并且因为他们生活在后世而倍感荣幸。诗人彼特拉克（1304—1374）最早使用“中世纪”（*Media aetas*）这一术语，随后的一个世纪，政治家和历史学家也开始采用这个说法，如莱昂纳多·布鲁尼（约1370—1444）和弗拉维奥·比昂多（1392—1463）。这些人往往投身政治和文学活动，养成了有意识地研究古典著作与观念的习惯，并称其为“人文主义”。他们赞美自己的时代和自己的城市，更赞美每个人。

领袖、传教士和公共知识分子经常宣称新时代即将到来。这不是空话，但也不是历史学家需要从表面上接受的说法。像布鲁尼这样的人文主义者，正在宣扬意大利市民的一种特别的生活方式——这使得艺术家、诗人、建筑师和历史作家能够在以托斯卡纳为中心的宫廷和城市中提高自己的技能。他们是享有特权的罗马文化瑰宝的传播者。人们通常认为，以公元476年西罗马帝国最后一位皇帝退位为标志，罗马帝国瓦解，罗马文化也消亡了。

这些人被视作“人文主义者”，他们是古典文化勇敢的探索者。但对于生活在“中世纪”的人来说，这些古典文化瑰宝晦涩难懂。这些人文主义者有自我意识，能够对提供赞助的王室、教宗和贵族家庭表示感谢。在那些充满古典韵律美的诗歌和信件中，在那些以古罗马建筑为灵感的宫殿里，处处都体现着这种自我意识。当乔尔乔·瓦萨里（1511—1574）写下这一时期伟大艺术家的第一部历史时，他认为古典标准的复兴是以高耸的尖顶和尖拱门为特征的“哥特式”时代之后一个受欢迎的变化。（见方框1）

方框1　哥特式风格

哥特式建筑风格是我们所研究的时代最伟大的创新之一，经久不衰。公元1140年左右，法国的圣但尼修道院、沙特尔大教堂和桑斯大教堂首次采用哥特式建筑风格，在随后几十年中，哥特式建筑风格传播至整个欧洲。哥特式建筑追求高度和崇高感；建筑者往往会在墙上嵌入大面积的窗户，使用彩色玻璃，从而达到建筑内充满多彩光线的效果。哥特式建筑像一块画布，可以进行雕刻、绘画和色彩装饰。所有对高度和光线的追求，都是为了激发和升华参观者对神圣事物的思考。通过法国艺术家的作品，哥特式传播开来，伦敦的威斯敏斯特大教堂和布拉格的圣维图斯大教堂都采用了哥特式建筑风格。此外，许多地区——从瑞典到塞浦路斯——创造出自己的风格。哥特式风格也影响了世俗建筑：城堡、宫殿和市政厅，比如布鲁塞尔宏伟的市政厅。只有意大利凭借其强大的古典传统和独特的地方政治文化，才能够抵御哥特式的诱惑。

人文主义者认为，他们见证了在中世纪被破坏的古典思想和习惯的重生，即“再生”（*rinascimento*）。因此，他们用文艺复兴一词描述对古典文化的热情和兴趣。同样，创造“文艺复兴”一词的人相信，在拥有杰出的学者方面，意大利是独一无二的。但事实上，由于后来印刷术的发明，欧洲各地的学者和读书人都参与了意大利的文艺文化。

因此，我们暂且不谈描述性历史学术语的“中世纪”和“文艺复兴”，而是关注作为不同时期人物与地点参照系而被反复使用的“中世纪”一词。

中世纪主义

除了“中世纪”和“文艺复兴”之外，还有一些因素影响我们对公元500年至公元1500年间欧洲的认知。后来复兴的全球影响、概念的挪用、走进寻常百姓的“中世纪”元素，诸如此类都影响着我们的认知。19世纪时，人们高度认可前现代欧洲的美学价值。对一些人来说，这是对18世纪启蒙运动的反叛，因为启蒙运动的思想家强调，指导人类活动的理性具有重要的意义，并认为早期时代是“以野蛮名义进行的野蛮冒险”。19世纪的“中世纪主义”追寻过去共同体的价值——这是商业社会和全球市场兴起前的价值，是由虔诚宗教精神指引的属灵的价值。还有一部分人反对法国大革命和它的血腥，常常颂扬欧洲的旧秩序，即旧政权（*ancien régime*），如传统的君主制和建制化的教会，认为这才是欧洲人生活的长久之道，英国和普鲁士应该珍惜这种制度，或者法国应该恢复旧制度。

斯塔尔夫人（1766—1817）是一位浪漫主义小说家和法国大革命评论者，她盛赞中世纪美学中欧洲文明的日耳曼渊源。同样，历史学家托马斯·卡莱尔（1795—1881）受到他所理解的中世纪修道院中合作与劳动精神的启发，在他1843年的《过去与现在》中，提倡一种新的后基督教时代的“工作的教义”。在几十年中，工业爆炸式发展，欧洲大部分国家都有了铁路，发展带来了机遇，也带来了人类的苦难。这时，中世纪为人们提供了一个“失去的世界”的形象——这是一个更好管理的社会，人性化且规模更合理。威廉·莫里斯（1834—1896）既是设计师，又是一名社会思想家，试图通过模仿中世纪的雕刻和绘画，从中获得手工艺的品质。他这么做，不是出于对天主教的向往，而是出于对乡村生活的向往，乡村的粮仓才是人民真正的大教堂。

在全欧洲，天主教行动和天主教建筑有显著的复兴。自由宪法和改革法案解除了对天主教教徒长达几个世纪的限制，比如1829年英国的《天主教解放法案》，新的文化力量走上历史舞台。因此，像法国移民之子奥古斯都·普金（1812—1852）这样的天主教皈依者，接受了来自英格兰、爱尔兰甚至澳大利亚的天主教大教堂、小礼拜堂和神学院的大量委托。牛津运动不仅热烈拥护中世纪价值观，积极呼吁宗教的革新，还引入了此前宗教改革已经废除的仪式。在法国，1789年法国大革命期间废除的天主教信仰不久得到恢复。随后，法国政府非但不试图破坏古老的天主教遗产，而且还将其恢复为国家历史的一部分。国家开始资助大型的项目，如重建——并不断装饰——有尖顶、雕塑和石像的“哥特式”建筑，其中最著名的是巴黎圣母院大教堂。

中世纪的复兴不只是反对共和或民主政治，或天主教赞助的产物。它还回应了那些在民族国家中培养民族认同与民族表达者的愿望。人们的理解是，民族是由语言、历史和景观整合而成的，而德意志、波兰、匈牙利或挪威所谓的“浪漫民族主义”知识分子，在过去中寻找19世纪民族认同的根源。作曲家理查德·瓦格纳（1813—1883）在古代英雄叙事中，发现了德意志民族性的精髓，这些古代的英雄叙事在12世纪末逐渐形成了《尼伯龙人之歌》类型的诗系。因为每个国家都需要对过去有一个清晰的认识，法国建筑师兼修护者欧仁·维欧勒·勒·杜克（1814—1879）领导了维护中世纪修道院和大教堂的工作，这些修道院和大教堂是民族遗产的一部分，却在大革命期间遭到破坏。沃尔特·司各特（1771—1832）的小说在欧洲家喻户晓，这些小说以中世纪背景为框架，叙写探寻勇气、创造力和具有骑士精神的男子汉理想的故事。在英国，人们认为，通过不断裂的法律和民族传统，现实与盎格鲁-撒克逊人的过去紧密相连。当1836年公开竞争重建议会大厦的设计时，普金的室内外哥特式视觉效果脱颖而出，取得了胜利。在改革和工业化时代，英国民主的立法起源与《大宪章》（1215)时期有关。在20世纪，想象的中世纪乡村“郡”启发了中世纪英国文学教授J.R.R.托尔金（1892—1973）的作品。而C.S.刘易斯（1898—1963）在他的寓言作品中探索了天主教和中世纪主题，这些书籍已经成为儿童文学经典，并且也受到成年人的喜爱。

由于所有这些原因，“中世纪”形成了一个参照点，作为现代人的我们，可以利用它塑造自己的身份并进行辩论。因此，可以假设出许多复杂的情况：“中世纪”既可以和社会主义联系在一起，也可以和极端保守主义有关，既可以成为工会凝聚力的基础，也可以成为王室典礼上夸夸其谈的谈资。中世纪可以激发受压迫的少数族群的认同感，也可以激发国家扩张和建立帝国的幻想。这是一份遗产，也是一种机会；它提供了鼓舞人心的事例，也提供了需要不惜一切代价避免的教训。在我们的城市设计、博物馆珍品、音乐、虚拟游戏、文学和景观中，中世纪始终伴随着我们。

罗马及其后的生活

受人文主义者追捧的15世纪的成就，是对更古老传统的延续，这使得欧洲人直面希腊和罗马的古典文化（地图1），他们有时拒绝接受，但大多数时候是模仿它们。在共和国和帝国中，古代文明产生了不同的宗教、哲学以及艺术和治理的风格。大约在公元500年到公元1500年间，人们通过阅读、抄写和作注的方式，探索这些知识遗产。在探索这一传统时，欧洲人也在拉丁诗歌和散文、希腊医学和政治理论，以及音乐和建筑上，留下了自己的印记。欧洲生活的所有领域——法律、神学、政治思想、关爱身体、宗教仪式，甚至土地保有权——都有罗马传统的烙印，并且人们也对其进行不同程度的模仿和改造。

首先，在政府和宗教领域，鲜活的古典传统得以延续。古代晚期的罗马帝国是一个基督教政体。由于君士坦丁皇帝（272—337）在公元312年接受了基督教，并规定在帝国内基督教合法，所以带来了这样的结果。那些基督的追随者将基督教融入帝国生活，到4世纪末期，基督教成为官方宗教。

罗马帝国充满活力，一直以来它的特点之一就是，与边境及其附近的族群接触。昔日的邻居，实际上的敌人，最终加入了罗马世界；有些甚至在2世纪和3世纪成为皇帝。在5世纪，日耳曼族群——如公元418年的哥特人或公元443年的勃艮第人——获得了设营权，或者分配到定居的土地，有时还能分享税收。从我们讨论的这个时期开始，传统的罗马精英——罗马贵族和元老院家族、地产所有者，以及与罗马政治和经济利益相关的人员——继续在日耳曼统治者的手下服务。他们接受人文课程培养，接受逻辑、写作和演讲方面的严格教育，同时还接受计算和科学方面

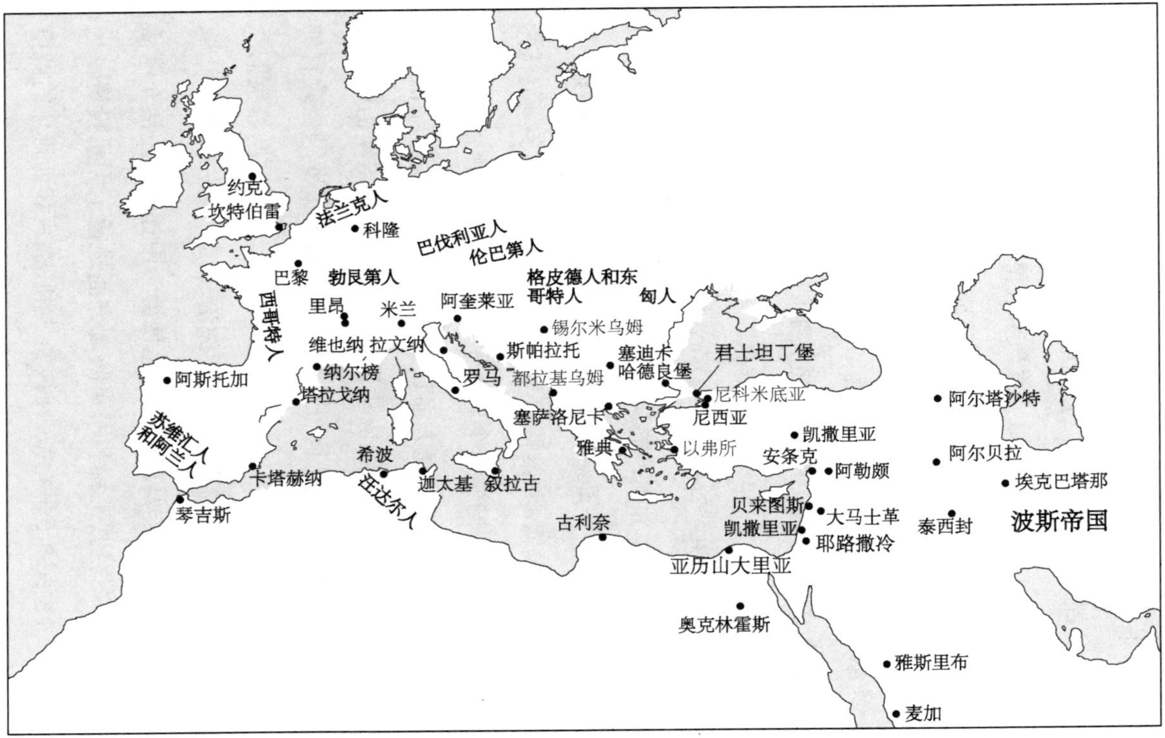

地图1　公元450年左右的欧洲

的培训。他们把这些技能带到了主教和政府官员等重要职位上。

实际上，自3世纪末起，罗马帝国就按照两个相互关联的大实体进行管理：东部和西部。公元476年，在西罗马帝国，军事领袖奥多亚塞（433—493）废黜了罗马末代皇帝罗慕路斯·奥古斯都，他领导着一个日耳曼人联盟，因此成为意大利国王。通常情况下，这次政变标志着罗马帝国的“终结”。但事实上，在日耳曼族群被纳入罗马军队、驻守其边境、在其国土上定居，并最终要求政治统治权的漫长过程中，这只是其中的一个阶段。很快，东哥特国王狄奥多里克（454—526）取代了奥多亚塞，成为意大利的统治者。公元497年，君士坦丁堡的帝国统治者阿纳斯塔修斯皇帝承认狄奥多里克，并向他赠送象征皇权的标识。狄奥多里克在拉文纳建都，成为新罗马。他任命的宫廷诗人赞颂他在延续罗马帝国风格方面的成就，并维持罗马金币的流通。狄奥多里克认为自己是一个基督教国王，一个忠于基督教阿里乌斯派的国王，但根据罗马传统，君士坦丁堡方面认为这属于异端。同样，法兰克国王克洛维于公元496年皈依基督教，并于公元508年击败西哥特、建立地区霸权后，也从同一位皇帝那里获得了罗马执政官的头衔。通过与君士坦丁堡的外交接触，以及与当地罗马精英的互动，蛮族国王学会了如何进行罗马式统治。

几个世纪以来，罗马的市民文化使得帝国行省的生活充满活力。帝国金库在公共工程和军事防御方面进行了大量投资。当这些投资在4世纪和5世纪减少时，意大利、高卢和西班牙的城市居民数量也随之减少。但拉丁语教学仍在继续，来自元老院家族传统精英的公职人员培训也在继续。罗马法仍被使用，人们仍然走在明显属于罗马城市规划的网格状街道上。公共空间和习俗，如沟渠、马厩、神庙和角斗士游戏，都被改造得可以适应基督教社会。公元609年，罗马万神殿被改建成一座教堂，供奉圣母马利亚[①]和众圣徒。

东哥特人、汪达尔人、法兰克人、勃艮第人和西哥特人，都是罗马人所认为的蛮族，这些蛮族人的国王们都珍视“罗马性”所提供的价值。因此，尽管许多人将这一时期描述为罗马帝国的衰亡期，尤其是爱德华·吉本（1737—1794）在其畅销书《罗马帝国衰亡史》（1776）中广泛传播了这一观点，但我们最好将这个变化的阶段视为“转型期”。也就是说，罗马遗产命运的特征是采纳而不是破坏，这是由各族群之间频繁的互动——通常是暴力的——造成的。

随着蛮族罗马化——他们是自愿的，并意识到罗马习俗的优点——一种混合文化应运而生。一本6世纪早期的食品与健康书籍由希腊医生安齐穆斯为法兰克国王提乌德里克大帝（约485—533）撰写，该书巧妙承认了法兰克人的习俗，同时也以灌输罗马价值观为目标。安齐穆斯承认，出身高贵的蛮族人更喜欢喝啤酒和蜂蜜酒，这是任何有自尊的罗马人所憎恶的；但他也建议在处理和准备食物时，要讲究礼节并适量食用。这种礼仪与当时对蛮族男性社交能力的贬低和误解形成鲜明对比。希多尼乌斯·阿波黎纳

① 本书《圣经》人物的名称均采用和合本《圣经》译法。——编注

里斯（430—489）是加洛林罗马元老院家族的儿子，也是外交官、诗人和克莱蒙主教，他对勃艮第人的描述是，散发着大蒜和洋葱的气味，说话含糊不清、头发上涂着变质黄油的巨人。

由于君士坦丁堡仍然存在着唯一的皇帝，这促进了公共行政和经济生活中思想和惯例的延续。查士丁尼皇帝（约482—565）曾试图重建环地中海（东部和西部）的唯一帝国政权，但这些地区已经在蛮族国家及其继任者的统治之下长达一个世纪之久。他还扩展了现在被称为拜占庭的帝国，也就是东部主要说希腊语的地区，战胜了波斯萨珊王朝和亚美尼亚人。他在海上和陆地作战的成功，与雄心勃勃的建筑相匹配。宫廷历史学家普罗科匹阿斯（约490—约560）深情地描述了君士坦丁堡和圣地的建筑，通过这些建筑工程可以感受到基督教帝国的印记。查士丁尼的立法努力对个人和共同体的生活影响更为深远：他委托编写了一部帝国法律汇编，即《查士丁尼法典》，更新了狄奥多西二世公元438年的法律；编写了关于法律实践问题的学术观点摘要，即《学说汇编》；还组织编写了一本法律教科书，里面有一些有用的注释，即《法学总论》。在查士丁尼时期，关于基督本质的神学争论，使得东西部主教充满了活力，更像一个基督教共同体。不久之后，伦巴第人在公元568年征服了意大利北部和中部的大部分地区，这种联系就减少了。

现在金币上刻的是国王的肖像，而不是皇帝的肖像（图1）。6世纪晚期，普罗旺斯发行的钱币虽然重量较轻，但仍然保留着帝国钱币的形状。钱币促进了奢侈品贸易，这些奢侈品在古罗

图1 法兰克国王提奥德贝尔特一世(534—548)铸造的金币。蛮族国王持续铸造这种硬币,形状像罗马索利多(*solidus*)金币,是权威和经济繁荣的象征

马各省仍然可以买到,尤其会出现在新的王室宫廷,或在教堂和大教堂中用于宗教仪式。钱币缓解了行政官员的征税问题,这些官员仍然拥有罗马头衔,并且他们的工资由蛮族国王从公共资金中支付。

查士丁尼试图复兴的地中海帝国,很快被世界历史中一股新出现的力量所改变:伊斯兰教(地图2)。伊斯兰教诞生于阿拉伯半岛,起源包括犹太教和基督教在内的多种传统的融合。这是一种令人兴奋的新宗教意识形态,动员亲属团体参与军事行动,它首先在阿拉伯半岛内传播,随后发展至其他地区。在查士丁尼统治结束后的几十年里,支离破碎、饱受蹂躏的拜占庭帝国逐渐失去领土和税收贡赋,沦为唾手可得的俎上鱼肉。在穆罕默德去世10年后即公元637年,哈里发欧麦尔占领耶路撒冷,这是他征服拜占庭帝国属地叙利亚和巴勒斯坦的巅峰。接下来,他动员了一

地图2　公元750年左右，在欧洲和地中海的伊斯兰教国家

支军队，于公元639年进入埃及，并将其纳入后来以大马士革为首都的倭马亚王朝。

穆斯林的征服是由阿拉伯军队领导的，但这些军队在当地得到了伊斯兰教皈依者、被击败的拜占庭军队的支持，并且因为与地方族群——如西奈半岛的贝都因人和北非的柏柏尔人——结盟而更加壮大。这样的事态发展很快对欧洲人产生了巨大影响：地中海岛屿、法国南部和意大利遭受袭击，到公元711年，塔里克·伊本·齐亚德领导的北非穆斯林军队已经征服了伊比利亚大部分地区。

很快，穆斯林军队也跨过比利牛斯山脉，进入高卢的塞普提曼尼亚省。他们占领了罗马-西哥特城市，如巴塞罗那和纳尔榜，但深入高卢的进程受阻。基督教徒和穆斯林在欧洲西南部的边界就这样对峙了一代人的时间，直到公元759年法兰克人收复纳尔榜。许多古罗马省份现在处于穆斯林统治之下。在伊比利亚，大量西哥特人皈依伊斯兰教，一些犹太人和很多基督徒也是如此；哥特认同在阿拉伯名字“哥特人”（*al-quti*）中，只留下微弱的回音。基督教的思想版图正在改变。尽管几个世纪以来，比利牛斯山脉一直是边境地区，不时发生暴力冲突，但安达卢斯的穆斯林西班牙对欧洲其他地区产生了广泛的文化影响。

因此，这些征服活动极大地影响了欧洲的形态。他们在伊比利亚和西南高卢创造了如此多元的文化，还建立了如此出人意料的联盟，挑战了我们关于中世纪欧洲的观念。在伊比利亚半岛，犹太人、穆斯林和基督徒共同为邻，但他们是不平等的，在阿拉伯文化圈内，他们以一种被称为“共生”（*convivencia*）的方式共存。在下一章，我们将回到欧洲的遗产。在这些地区，还诞生了另一个重要的概念——征服。到了11世纪，来自法兰克王国（即法兰克高卢）的骑士加入征服穆斯林统治领土的行动中，并因此加入后来被称为“再征服”（*reconquista*）的行动，他们得到了来自教宗的祝福。

基督教欧洲政治力量的平衡现在向北转移，远离了危险的地中海。在这里，通过征服和巩固从丹麦到萨克森再到伦巴第的广袤土地，墨洛温王朝的法兰克人取得了显赫地位。

君士坦丁堡的宫廷也是皇帝威严的唯一来源，成为宫廷仪式和艺术的模仿对象。但随着法兰克王国的繁荣，两个政治实体之间出现了竞争。在拜占庭帝国特别动荡的时期，法兰克宫廷的神学家和朝臣甚至挑战了拜占庭帝国在宗教事务上的领导权。在伊琳娜女皇（752—803）统治期间，人们认为女性继位通常会导致政治的脆弱性，于是法兰克神学家们在公元794年写下了《加洛林书》，讨论并颂扬圣像在基督教崇拜中的作用，这是针对拜占庭连续三任皇帝采取的反传统苦行而展开的论战。公元800年圣诞节，法兰克政治领导权在罗马得到宗教认可，法兰克国王查理大帝（约742—814）由教宗加冕为皇帝。

在古罗马各省之外，罗马遗产正在发展成为新事物。虽然罗马城市和法律在意大利、高卢和西班牙随处可见，在北欧却没那么容易见到。然而在7世纪或8世纪，罗马性被运用到其他思想和实践当中。

拉丁语是宗教、仪式和学术的语言，并且神职人员是最适合教授拉丁语的人。学习古典学之所以受到青睐，是因为它对沟通和统治大有用处。比如说，公元前90年编写的修辞学教科书《修辞学》，仍然是教会或国家公职人员最广泛使用的手册之一。每个修道院、大教堂和宫廷都保有一份副本。同样，小亚细亚的军医狄奥斯科里迪斯（约公元40—90）编写的药方书籍《药理》是16世纪最受欢迎的书籍之一。由于该书提供了诊断见解和植物疗法，因此受到人们的珍视。在这几个世纪里，与古典传统的生动互动是许多生活领域的特点。古代典籍被抄写和加注；中世纪的读者在医学、地理、历史和诗歌书籍中添加注释甚至实用的插图。人们欣赏这些传统的优点，并根据当代的需要检验它们。

在亚琛的宫廷中，查理大帝探索了推行基督教文化和罗马教育的可能性（图2）。他召集了一群可敬的学者和行政人员，他们将基督教-罗马-欧洲统治的理念付诸实践。皇帝比国王更伟大；他们引领着基督教的生活，并将其传播到新的民族；他们制定法律并坚定信仰。皇帝不仅拥有独一无二的皇冠、戒指和权杖这些御用物品，还拥有收入、权利和宫廷仪式。在10世纪，奥托建立的萨克森王朝在公元936年至公元1024年间确立了自己神圣罗马帝国继承人的地位。奥托及其继承者通过安排与拜占庭皇室的婚姻，以及像查理大帝那样推动征服、宫廷艺术和建筑事业，强化了他们的统治地位。恰如其分的是，他们也是修道院及其学术的伟大赞助人。

拜占庭帝国正在经历巨大的变化，穆斯林已经扩张到叙利

图2　位于亚琛的查理大帝宫殿的小礼拜堂，建于公元792年至公元805年间。桶形拱顶、小礼拜堂顶部的圆顶和从意大利引进的大理石柱，都明显借鉴了罗马建筑

亚、北非、意大利南部和西西里岛，帝国的领土已经丧失殆尽。但在其北部和西北部，在保加尔人、波兰人和罗斯人之间，还有扩张的空间。通过希腊传教士，如圣徒兄弟西里尔和美多迪乌斯，基督教传播到了摩拉维亚和潘诺尼亚。拜占庭文化通过教会仪式传播，通过传教士帮助设计的新字母表传达，并发展成西里尔字母表，至今东欧和亚洲部分地区仍在使用。在10世纪和11世纪，拜占庭帝国受到来自中亚的塞尔柱人等民族迁徙的冲击。游牧的塞尔柱人皈依了伊斯兰教，成为一支充满活力的军事力量，他们为了新信仰不断征服。从公元1054年开始，希腊和拉丁主教在三位一体神学上的分歧，标志着拜占庭宗教团结和影响力在西方的衰落。我们将在牛津通识读本《拜占庭》中讲述拜占庭帝国的历史。

尽管面临种种挑战，拜占庭帝国可能仍然是欧洲行动计划的重要盟友。公元1096年，一支后来被称为“十字军东征”的武装朝圣队伍离开欧洲，目的是为东方的基督徒提供帮助，并让基督徒重新进入圣地，当时的首领期待拜占庭帝国将在食品、军队和后勤方面提供帮助。然而皇帝阿莱克修斯一世·科穆宁（1056—1118）其实对这一设想感到惊慌。他的女儿兼传记作家安娜·科穆宁娜（1083—1153）困惑地描述了来自西方的队伍，每支队伍都希望得到体面的接待和支持。

更远的北方

当地中海和高卢正在转型时，不列颠岛、斯堪的纳维亚半岛和中欧也发生了变化。大约在公元400年罗马军队撤离后，整个5世纪，盎格鲁人、撒克逊人、弗里斯兰人和一些法兰克人迁移并定居在英格兰南部和东部，经常越过乌斯河、特伦特河和宁河深入内陆。日耳曼定居者寻求农田，经常迫使凯尔特原住民离开家园，进一步向西和向北迁移。人们将会铭记这个时期，在几个世纪后，这段历史还会按照不列颠人国王亚瑟的传统进行再创造，亚瑟的故事在12世纪复兴，此后他一直是基督教骑士国王的典范。

约公元600年，教宗格列高利一世派遣的传教团抵达英格兰南部，该地区成为一个活跃的传教地区。与欧洲其他地方一样，由统治者领导皈依，由富有魅力的传教士推动，并经常得到信仰基督教的皇后们的支持。爱尔兰圣徒影响到整个不列颠。《圣科伦巴传》是由修士阿多姆南在科伦巴（公元597年去世）死后一个世纪写成的，书中描述了这位圣徒在苏格兰西海岸爱奥那岛上的工作：告诫首领、预言战争的结果、驱魔，并用自己的疗法对抗巫师。爱尔兰影响了宗教生活的风格，比如历法和修道院的风气，这些往往和罗马-大陆的风俗不一样。修道院院长贝蒂拉（约公元704年去世）从基督教化的法兰克五国给这些“新”基督教徒寄来了书籍和古物。随着时间的推移，一位英国作家创造了“基督教世界”一词，来自不列颠岛的人物成为标志性的基督教领袖：诺森伯里亚僧侣历史学家比德（673—735）写作的教会史，在整个欧洲都受到高度赞扬；约克的阿尔昆（约735—804）一生大部分时间在查理大帝的宫廷中度过，他曾领导教育改革，并担任英格兰和欧洲大陆之间的外交官。

这个统一的、信奉基督教的北欧世界，逐渐围绕着王朝统治组织起来，但即将被暴力破坏和摧毁——这就是在公元789年首次发生的北欧人的袭击。随后是数十年的暴力冲突，首先面临危险的是地理位置更暴露的前哨，如林迪斯法恩或爱奥那的修道院所在的岛屿。英格兰北部、米德兰东部、东盎格利亚部分地区以及法兰克王国北部都受到影响。到了公元9世纪中叶，开始了一个谈判与合并的时代，约克和都柏林成为重要的北方贸易中心。最终在几十年的混乱之后，长久的共存局面出现了：公元911年，为了诺曼底的领土，挪威人领袖罗洛向法国国王称臣。在威塞克斯，维京人的挑战促使阿尔弗雷德国王（849—899）加强了统治和防御（图3）。

对那些加入欧洲联合体的国家来说，基督教的思想和实践被当成一套宗教教义、礼拜、法律和文书传播到这些地区。这一进程是相互的。马扎尔人、波希米亚人和北欧人继续生活在血缘关系群体中，他们采用复杂的模式相互保护，沉浸在英雄主义精神中。他们选择加入基督教世界，加入其伟大理念：由上帝提供救赎。对他们来说，基督的形象是一位战胜死亡的英雄。

公元1000年左右的欧洲

到了公元1000年，欧洲人口开始增长并且持续约300年，粮食产量也在增长，超过了需求。这意味着，无论来自哪个乡村共同体，其中一些人都可以到城镇或城市生活，发展专业技能，因为他们知道那里可以获得粮食。城市的增长不仅发生在

图3　希登塞宝藏由16件纯金制品组成：胸针、项链和吊坠，可能是为丹麦国王哈拉尔蓝牙王（约935—约986）制作的。北欧维京人从都柏林到罗斯进行贸易，并将财富贮藏在奢侈品中

已有的城市——原来是古罗马时期的——也发生在数以千计的新城镇。这一过程在欧洲地名上留下了印记，这些地名彰显着它们的“新”：纽维尔（*Neu*ville）、纽斯塔特（*Neu*stadt）、纽顿（*New*town）、卡斯特努沃（Castel*nuovo*）或纽基兴（*Neu*kirchen）。城市的大教堂、学校和市政厅成为文化活动中心，与传统的农村文化据点修道院和贵族大宅并驾齐驱。

现在，资源、热情和才能都被投入新的宗教和学术机构，这就是为什么一个世纪前，美国历史学家查尔斯·霍默·哈斯金斯（1870—1937）将这一时期称为“十二世纪文艺复兴”。由于农业繁荣，社会精英阶层的成员也富裕起来，他们建立了修道院，在那里，他们家族中过去、现在和未来的亲人，都能在祈祷中被纪念；城镇市民支持学校开展书写艺术、法律和医学方面的培训。屡次的征服导致了建筑的浪潮，正如英格兰的诺曼征服，或基督教在伊比利亚的领土被征服后发生的情况。各种令人敬仰的建筑被修建，如卡佩王朝在巴黎北部建立的圣但尼修道院，或在耶路撒冷王国重建的圣墓教堂等，这些建筑标志着王朝独一无二的天命。

虽然古典学已经在欧洲站稳脚跟，但直到12世纪和13世纪的两步传播过程后，一些古典传统才开始为欧洲人所知。在7世纪和8世纪，随着穆斯林的征服和巴格达宫廷的建立，希腊文本被翻译成阿拉伯语。公元1100年后，在穆斯林西班牙（即安达卢斯）的学者如彼得·阿方西（约1062—1110）的主持下，大量阿拉伯语作品被翻译成拉丁语。彼得出生于犹太人家庭，公元1106年皈依基督教。他翻译阿拉伯语和波斯语的道德伦理故事，撰写天文学著作和反对犹太教的论战书籍。他在希伯来语、阿拉伯语和拉丁语的学习领域之间来回自如。彼得四处旅行——他可能是英格兰国王亨利一世（1068—1135）的宫廷医生——很多人抄写他的书，他的作品反响很好。

在12世纪和13世纪，各政治单元开始了显著的整合过程，欧洲一体化的趋势加强。正如我们将在之后几章中具体描述的那样，人口增长与城市发展、贸易多样化，以及基督教欧洲领土的扩张齐头并进。受过拉丁教育的精英为国王、教宗、主教和王子服务；堂区制度使所有欧洲人都能接受教会的教导、仪式和规章制度。欧洲的一些地区成为常年战区：苏格兰边界、伊比利亚和近东不断变化的基督教-穆斯林边界地区，以及对异教徒进行征服的波罗的海地区。

在地方治安官的支持和地方社区的参与下，王室的司法部门能够更好地追踪并遏制政治体内的暴力。所有这一切的基础都是新制定并广泛传播的法典和习俗。在12世纪40年代，教会法律的权威文本被编入《教会法汇要》，这是对基督教法律传统的整合，旨在协调显著的矛盾。之后每个世纪都有新的汇编和注释，这是欧洲教会法庭的共同法律遗产。王国制定了本国的法规，但也允许其他司法管辖权的存在，如领主在庄园内的管辖权，以及城镇委员会对市场和市民的管辖权。在意大利城市等商业活动中心，发展出了法律专业知识，也出现了一些自治团体，如西班牙的犹太人和穆斯林，以及威尼斯的外国商人。

王朝的野心促使君主建立有效的官僚机构，无论在和平时期还是战争时期，都能管理财政与维护正义。有时必须集中资源不顾一切地保卫领土，13世纪40年代早期，波兰、匈牙利和罗斯的统治者抵御蒙古人进攻时，就采取了这样的做法。但王朝野心也导致了代价高昂的征服战争，比如13世纪60年代安茹的查理占领西西里岛，20年后英格兰国王爱德华一世征服并统治威尔士，或者英格兰和法国之间的百年战争（1334—1453）。13世纪后期，许多地区的经济增长率有所下降，最终出现了饥荒和经济脆弱的征兆：粮食价格上涨，在人口压力下，农民持有的土地规模缩小。在一些地区，经济作物取代了粮食作物，如皮卡第大量种植染料作物，加斯科涅大量种植葡萄。由此，人、动物和食物之间的平衡越来越不稳定。大约在公元1300年，小冰河期开始，潮湿和寒冷意味着欧洲适合耕种的土地面积大大减少（地图3）。

肆虐西北欧的饥荒（1314—1317）和黑死病（1347—1352）大灾难使得我们一直研究的所有安排都面临着致命的考验。公元1314年秋以来，史无前例的洪水和严寒的冬季意味着农业产量的下降，有时降幅达到40%。无论欧洲经济联系得多么紧密，都无法为需要的地区提供粮食。这种失败又因为地主囤积粮食和投机买卖的行为而更加恶化。就在下一代人开始复苏、人口再次增长之际，黑死病——现在普遍认为是腺鼠疫——蔓延到了欧洲。在过去的几十年中，这种疾病已经蔓延到中亚，公元1347年，它通过黑海和意大利之间的船只传至欧洲。这种疾病最初由吸了受感染老鼠血的跳蚤携带，随后传播给人类。感染的人身体上会出现脓疱，特别是淋巴结周围，并发高烧；他们通

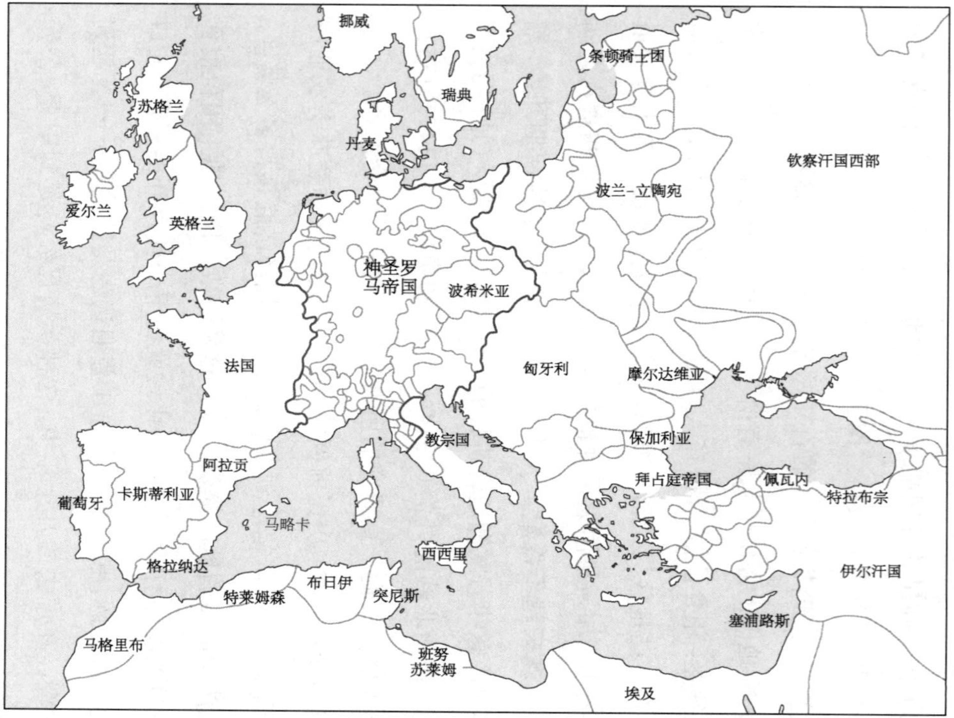

地图3　公元1300年左右的欧洲和邻国

常在十天内死亡。肺炎型的影响更快，也会更快死亡。虽然欧洲各地区和定居点的死亡率各不相同，但据估计，将近一半的人口死亡。瘟疫在14世纪60年代和70年代卷土重来，在15世纪的许多地区依然肆虐。

因为所有欧洲人都遭受了疾病、损失和丧亲之痛的影响，世界真的发生了翻天覆地的变化。直到16世纪，欧洲人口才再次达到14世纪初的水平。因此，我们必须重新思考有关欧洲经济的许多假设。劳动力需求旺盛，但在人口大量减少后，供养他们所需要的粮食减少了。统治者试图通过立法固定工资和限制工人流动来干预和回应。因此14世纪末和15世纪，欧洲各地出现了许多城市和农村动乱，这并不奇怪。地主们试图从劳动密集型耕地耕种转向更多样化的活动，如采矿和渔牧业。城市更加意识到：通过城市空间的维护，城市在公共卫生方面要承担必要的责任。欧洲人发明了新方法来纪念众多的死者；对于那些被视为懒惰的人、没有固定住所或无固定工作的人，他们也变得更加不耐烦，认为这些穷人“不值得救助”。

在我们所讨论的这一时期之后的几个世纪中，欧洲的形态和人口规模继续变化。13世纪时，条顿骑士团征服利沃尼亚，德语殖民者在此定居后，波罗的海地区成为欧洲的一部分。公元1453年，奥斯曼帝国征服说希腊语的拜占庭帝国。基督教统治者征服了安达卢斯的大部分地区，在公元1492年格拉纳达陷落时，这一进程也结束了。不同种族和宗教信仰的欧洲人在匈牙利、奥地利和波兰与蒙古人对峙。十字军继续想象征服北非和重新占领圣地的情景；14世纪末，一群人来到加那利群岛，在教宗的祝福下建立了残余统治。在随后的几个世纪里，欧洲人居住在亚历山大、大马士革、君士坦丁堡、喀喇昆仑和耶路撒冷的飞地和贸易站——也就是商馆（*funduqs*）。朝圣者、好奇的学者以及未来的传教士，也沿着贸易路线旅行。到我们讨论的时期结束时，奥斯曼王朝统治着东地中海，而葡萄牙国王则鼓励和资助了向西的非洲海岸探险。一般认为，哥伦布1492年到达“印度”（Indies），这一时期终结。然而，哥伦布的远航似乎更多遵循了欧洲旅行、制图和王室赞助贸易的传统，充满了基督教使命感。

“中”世纪？这种“中间性”的概念还剩下什么？

所剩无几。

第二章

人们和他们的生活方式

通常认为，这一时期的人与现代的我们有很大不同。这种看法并无益处。那时就像现在一样，个人的目标是尽可能过上最好的生活，努力维持收支平衡，达到社会的期望，并试着满足自己的一些愿望。在过去，如果赋予人们一定的自主权，甚至赋予他们选择的权利，即使这样的权利再微小，历史学家们也通常会把这样的情况描述为：考虑他们的“**代议权**”。考虑代议权，并不意味着忽视人们无法或几乎无法控制的许多因素，比如饥饿、疾病和暴力等残酷的现实。我们应该认为，过去的人具有自我意识，有能力体验微妙的感觉和复杂的思想。一些学者确认在12世纪出现了“发现个人”，在18世纪家庭情感关系诞生。然而正如我们将看到的，我们的资料——从遗嘱到诗歌，从视觉图像到法庭上的证词——都显示出，即使来自不同的阶级，人们都会表现出我们熟悉的种种情绪：忠诚、嫉妒、贪婪、希望和热烈的爱。

本章将探讨农村定居地和城市中心的家庭与共同体生活的常规模式，包括私人和公共生活。有些活动与亲缘关系有关，另一些则与寻求保护有关。有时人们会努力加入行会或宗教兄弟会，但他们也会寻求比自己更强大、更富有或更专业的人的赞助和指导。

自由，不自由或只部分自由

在这个世界上，个人行动的能力受其法律地位的影响：自由人、奴隶或农奴。罗马法认可自由和奴役的条件，并且直到我们所讨论的这一时期，尽管奴隶制有很大变化，但它一直是欧洲的一项制度。教会法律规定，基督徒不能被奴役，但事实上，有一部分人以奴隶的身份活着。从我们所讨论的时期开始，广大罗马土地上一直存在着本地的奴隶，并且在欧洲东部边境地区的战争中，大批奴隶不断流入，奴隶制也随之存续。*slav*一词，逐渐成为“奴隶”（*slave*，即拉丁语中的*sclavus*）的同义词。公元825年前后，巴黎郊外圣日耳曼德佩修道院院长伊尔米农对1 378户家庭中的7 975人进行了地产调查，所有家庭都拥有私有土地。他们是大家庭，平均每家有5.78位成员。公元1085年至公元1086年间，征服者威廉编纂的《末日审判书》是对英国土地、人口和资源的大调查，写明了英国有多少奴隶——他们占调查人口的10%以上，但在我们的资料中，很快就将见不到奴隶身份的表述了。在加泰罗尼亚和阿拉贡，人们把奴役作为各种政治和性犯罪的惩罚，利用它对抗穆斯林和犹太人。

那些依附性的不自由人如果身怀技能的话，可以通过参军或行政服务实现社会阶层的跃升。在神圣罗马帝国，不自由的附庸骑士（*ministeriales*）不仅拥有地产，还迎娶贵族的女儿；他们统率城堡，继而也拥有自己的法庭。匈牙利的奴隶（*jobbágiones*）

可以自由行动，并且接受战争动员，在13世纪与蒙古人作战，在15世纪对抗突厥人。14世纪末，当非洲黑人奴隶被卖到意大利和伊比利亚城市做家政服务时，人们将另一种奴役形式引入欧洲。依照惯例，一段时间后，他们会摆脱奴役地位（被解放），通常继续从事家政服务，或成为工匠、乐师和渔夫。

那些不是奴隶的人也不完全自由，在我们所讨论的时期，一种不同于奴隶制的不自由状态正在发展：这就是农奴制。导致这种奴役的原因很多：由于贫困和债务丧失个人的土地，或因为征服而丧失土地。农奴家庭的户主依附于他与家人耕种的土地，他们的土地保有权包含着重要的义务，这是奴役的标志。农奴与他们的领主分享自己的劳动成果，他们必须按照领主的要求工作，他们的迁徙权也受到限制。农奴经常不得不按照要求，把他们的谷物带到领主的磨坊里磨碎，把他们的葡萄带到领主的酿酒厂。与庄园外的人结婚，他们需要交纳钱才能获得许可；为了保证能将保有权传给继承人，他们还需要献上好的牲口。他们的生活很艰难，我们所讨论的这个时代的作家把他们描述得单纯而粗鲁。在公元930年左右，维罗纳的主教拉瑟给各种条件下的基督徒写下了指导，他建议劳动者："不仅要公正，而且要努力工作，满足于自己的命运，不要欺骗任何人，也不要冒犯任何人。"

农奴家庭的成员也遭受奴役。约公元1060年，一首爱尔兰的讽刺诗体现出对社会底层人士的辱骂。这首诗主要与耕种有关："哦，多姆纳尔，又黑又驼，又粗又老，全是皱纹……你这个像獾一样肮脏的农夫的孙子。"农奴可以通过解放获得自由，或恩惠式给予——比如培养农奴的儿子成为神父而将他释放——或花钱赎买。即使在获得自由之后，不自由的痕迹可能还是挥之不去，正如那些在法国被称为“半自由人”（*colliberti*）的人那样。有时农奴会离开家庭地产，前去参军或在城镇工作，但领主的官员会试图找到这些逃亡者，并将他们押回来，继续耕种土地。在人口增长时期，如12世纪和13世纪，农奴可以与庄园管理者谈判，支付一定费用后搬到城镇。黑死病之后，城市对工人的需求很大，大量年轻男女离开庄园，往往留下需要照顾的老人和年幼者。公元1350年后，农奴制逐渐解体，这意味着农奴的习惯性负担减轻了，但也削弱了领主保障农奴家庭的义务。

作为男人和女人

在社会性世界中，与男女性别有关的习俗具有重大影响。性别态度寻求保护但也试图控制女性和女性气质，在推崇女性和女性气质的同时又诋毁它，而男性则是一种理想，是上帝形象中的人性状态。这一体系的细节会因为地区、社会环境和时期而有所不同，但在仪式和公开声明中，性别因素随处可见。服装、举止和空间的利用，都显示了社会的性别秩序。出身高贵的法兰克修女们身着多彩的服饰下葬：巴蒂尔德（公元680年去世）穿着一件带黄色流苏的红色斗篷，贝蒂拉（约公元704年去世）穿着一件黄色镶边的棕色外衣。即使在格陵兰岛恶劣的生活条件下，来自公元1200年左右的几件衣服显示，男人穿着深棕色和黑色的衣服，女人的衣服上装饰着色彩对比鲜明的补丁，孩子们则穿着白色和灰色的衣服。因此，色彩准则不是现代发明。

在世俗法与教会法以及许多社会习俗中，很多假定都认为，女性在精神、道德和体能方面弱于男性。教会教导说，女性和男性都可以期望并争取救赎，但女人的本性更倾向于罪恶。因为女性经常因自己的肉欲天性，尤其因她们的子宫而分心，所以她们更难拥有上帝的礼物——人的理性。这种理性的薄弱意味着，她们不能拥有高于男性的权威地位，不能成为男性的上级。公元1136年左右，克莱尔的奥斯伯特修士甚至告诫虔诚信教的女性巴金的艾达："不要让淫荡的欢笑把你的身份降低到你的性别阶层。征服女性的本能；战胜肉体；克服欲望。"

这些思想已经融入从古代继承下来的伦理和科学体系中，根据这一体系，每个人栖居的肉体同时也是灵魂的家园。人是由物质和精神结合而产生的，每个人都是独特的体液混合体，因此每个人都有其独特的性格：脾气暴躁，大多是体热；乐观积极，大多是体潮；冷静镇定，大多是体凉；郁郁寡欢，大多是体干。人们将自然的身体状况理解为不断变化的网络，并且任何时刻的平衡都受到行星运动的影响，但同时也受到个人饮食和养生习惯的影响。在体热时，男性会精力旺盛，因此教会人士试图通过吃凉的东西（如蔬菜）和避免食用香料的方式，来减轻会使他们分心的男子气概和性欲。身体更凉的男人胡须更细，睾丸更小；他们更像女人。相反，那些试图变得更"阳刚"、放弃女性气质的女人，可能会寻找热源，补偿她们天然的湿冷特质。一本写给虔诚信教的女性锡耶纳的凯瑟琳（1347—1380）的精神指南，描述了她在公共浴场中寻找含硫量最高的最热水流的故事。

家庭和婚姻

大多数人的工作和休闲局限于家庭的范围内。在城镇和乡村，家庭都是一个工作单元。在农民的土地上或工匠的作坊里，男人、女人和孩子们一起工作。家庭不仅包括近亲，还包括依附的人，如贫困亲属、仆人、学徒，甚至穷人。男性户主会管理整个家庭，当他不在时，他的妻子有时会代为管理。

婚姻是最普遍，也是最有争议的社会制度。罗马法将婚姻定义为契约，而日耳曼习俗赋予婚姻家族事业的性质，即家庭之间通过年轻人结成联盟；除了婚姻，它还承认其他约束力较弱的联盟。在这些传统之外，还有基督教的性道德，它试图将婚姻变成有道德的基督徒生活的框架。像北非希波主教奥古斯丁（354—430）这样的基督教思想家，与基督教徒大众展开了激烈斗争，于是讨论便开始了。他首先使用了神学的方式，探索婚姻能否补救罪恶。尽管一些思想家继续坚持认为，婚姻生活比不上英雄般贞洁的生活，但奥古斯丁开创了理解基督教婚姻的先河。

作用于男性和女性的社会习俗和迫切要求既复杂又多样。这种多样性基于对身份的理解，而这种身份则根植于性别差异之中。它指导男人承担责任，照顾妻子、女儿和姐妹，还允许他们控制女性的财产，指导她们的生活。男人习惯性地使用暴力维护权威，即便男人对失去伴侣深表悲痛时，依然如此。加洛林王朝的学者和朝臣埃因哈德说，他“在每一天的每次活动和事务中”，都想念他的妻子伊玛（公元835年去世）。他的朋友费里埃的卢普斯来信安慰他，称赞她“虽然在身体上只是个女人，但在精神上却达到了男人的地位”。英格兰国王理查二世（1367—1400）在他的余生中，甚至在他再婚后，都为失去妻子而哀悼。

基督教的观念认为，婚姻应该是神圣的一夫一妻制，以生育为目的且维持终身，在12世纪，人们将这一观念完整地编入法典。通过教会法，基督教婚姻广泛传播，它似乎是一种侵犯性的创新，直到几个世纪之后，才为欧洲人所接受。这种婚姻观由教会传播，由激进的教宗领导——其中许多人都受过法律培训。它试图将家庭、后代、继承、性等生活中最私人和最重要的方面，纳入基督教伦理和法律领域。它将婚姻视为一种个人道德行为，制定相应的法律，并提供宗教指导，让俗人和神职人员同样了解情况。当婚姻成为圣礼时，任何与之相关的侵权行为，都被视为教会法庭的事务，并由神父和主教管理。

圣礼婚姻是一种不可逆转的仪式，将恩典传递给两个自愿结合的伴侣。教会法专家——教会法学家——曾探讨过各种可能。最低结婚年龄是多少？仅仅表达结婚的意愿，有多大的约束力？持不同意见的亲属可以推翻基督教婚姻吗？一个已婚的人能离开家庭，去追求修道生活中更高尚的美德吗？如果在婚姻中从未完成性交怎么办？这些问题成了法律争论和生活剧的素材；在教会法庭上，证人详细描述他们的失望和悲伤。这些法庭也接受妇女的证词，因此法庭记录下她们谈论心碎、失信、性羞辱等的内容。

教会的目标是推动伴侣关系符合《圣经》对近亲婚姻的解

释。宗教顾问试图推动统治者向基督教性道德的方向前进，但他们也明白，这样的尝试存在局限性。教宗格列高利一世批准前往英格兰南部坎特伯雷传教的奥古斯丁（公元604年去世）在合法婚姻伴侣问题上，对最近皈依的英国人进行宽大处理。查理大帝热心推广基督教知识，但他也有许多妻子和复杂的亲子关系网。据说，他还和妹妹吉斯拉（757—810）乱伦，而吉斯拉后来成为切勒斯女修道院的院长。近亲婚姻的范围不断变化。在洗礼时，教父和教母成为新的精神亲属，因此他们的近亲也纳入禁止结婚的亲属圈子。到了12世纪，教会法律只允许7亲等[①]以外的人结婚。人们很难接受这样的限制。到了公元1215年，教会放宽了范围，将禁止结婚的亲属关系改为4亲等；但即便如此，在小的乡村共同体或包括皇室在内的精英婚姻圈内，这项规定也很难执行。近亲婚姻的观念依然有很大的吸引力。在供忏悔者使用的手册中，有对神父的指示，他们应该直接询问堂区居民，并且布道时也应该宣讲这个问题。文学作品也探讨了近亲乱伦。比如公元1200年左右，哈特曼·冯·奥厄（约1165—约1215）创作的德国诗篇《格列高利》中描述的那位圣徒正是近亲结合的产物。

到了13世纪，基督教婚姻被广泛传播，因此几个世纪以来，它逐渐成为公认的婚姻模式。除了在家庭和社区内举行的传统订婚和结婚仪式之外，现在又增加了教堂仪式。在教堂门口，总是有祝福；孩子出生时，洗礼将家庭和教会更紧密地联系起来。此

① 亲等是法律上衡量亲属亲疏远近的尺度。按照出生次数为标准计算亲等，一代（一世）为1亲等。——译者注

外还有关于母亲的仪式——一种净化的形式，让她们在经历了分娩的折磨和污染后，重新融入社区。尽管基督教婚姻有种种独特之处，但在布道中，马利亚和约瑟的生活被视为理想的婚姻。

基督教婚姻促进了结合与互补的理想状态。男女有别，但他们可以互相帮助，一起过基督徒的生活。一般认为，婚姻中夫妻之间的性行为是共同义务，是一种婚姻契约。在布道中，妇女们被教导有义务克服因疾病、个人厌恶、斋戒限制或月经而产生的对性接触的顾虑，回应丈夫的欲望。在15世纪，出现了一种有影响力的声音，反对这种“契约”的暴政。锡耶纳的贝尔纳迪诺（1380—1444）是托斯卡纳方济各会的传教士，他在听取女性忏悔的过程中，领悟到女性的困境，教导丈夫有权进行指导和纠正，而妻子有义务服从、尊重和规劝。但他也强烈谴责强迫的性行为，认为这违背了感情义务。贝尔纳迪诺的布道重述了一千年前奥古斯丁的讲话要旨，并附上托斯卡纳式的转换：婚姻是为了抑制欲望，因此不应该延迟，以免男人习惯于同性性交，而这正是一种很难改变的“陋习”。

父母和神父都鼓励年轻人以家庭为单位生活。无论他们青年时有过什么样的性经历，而这些通常都发生在培训和工作的同性环境中，大多数人都会结婚。许多人甚至会再婚，并因此产生了多代家庭，以及复杂的继承和情感网。在我们所讨论的时代末期，宗教形象和叙述成为社会现实。由马利亚、约瑟和孩子耶稣组成的神圣家族，是复杂亲属关系网中的代表，马利亚的母亲安妮溺爱她的孙子孙女们，而这正是她连续三次婚姻带来的结果。

德意志的堂区教堂用雕塑群的方式演绎了这个家庭：两位神圣的妇女和孩子耶稣在最前面，安妮的其他女儿和他们的孩子（也就是基督的表兄弟姐妹）在他们周围，后面是四个男人：约瑟和安妮的三个丈夫（图4）。从这样的形象中，男女老少都能看到自己的家庭关系。

图4　约公元1485年，德国堂区的一座彩绘雕塑，描绘了一个妇女和她前面儿童组成的家庭：《童年基督的神圣亲属》

如果婚姻中的性行为是为了生儿育女，那么任何对性交的妨碍，将会导致婚姻无效；如果婚姻是一场自由进入的圣礼，那么任何强迫的迹象同样可能导致“强迫”婚姻无效。从许多不同类型的信息中，我们都能明显感受到有关建立家庭能力的焦虑。人们求助于魔法、药物、祈祷和朝圣，希望能有孩子。

家　庭

伴随着婚姻，一个家庭诞生了，大多数欧洲人在婚后建立了新的家庭。在家庭的农田中或在作坊里，家庭是工作单位。骑士和贵族家族以家族事业的方式经营地产，比如城堡、筑城防御的庄园，或像很多意大利家族那样——城市中的豪宅。这些家庭的代表是男性户主，负责法律、金融、政治和公民仪式，而妇女、学徒、马夫和仆人协助管理。

王室和贵族宫廷既是一个扩展的家庭与家族，也是官僚和政治事业的总部。在此前的几个世纪里，王室宫廷几乎总是在流动。法兰克人的墨洛温诸王往返于他们的庄园之间，身边有廷臣环绕，他们的土地和农奴的生产与劳动供养他们，教会有义务向他们的恩主提供服务。其中一位廷臣查理·马特（约688—741）掌握了最重要的职位——宫相（*maior domus*），即王室的首席管家，拥有相当大的权力和影响力，以至于在他死后，他的儿子丕平和卡洛曼成为法兰克王国的国王。丕平的儿子查理大帝在亚琛建都，建起了最宏伟的王宫。围绕在主教身边并为大教堂增添活力的神父和侍从群体被称为“类家庭”（*familia*），即一个类似家庭的整体，它为独身的成员提供支持和照顾，而这通常由生物学意义上的家庭提供。

对任何家庭的福祉来说，妇女的工作都至关重要，并且体现在各个领域。圣杰拉德是一位殉道主教，在匈牙利语中名为盖莱尔特（980—1046），《圣杰拉德传》描述了这位主教在旅行中听到磨石声，并伴随着女人的声音。他的旅伴解释说，女人转动磨坊碾磨谷物，还唱着“甜美快乐的歌”。13世纪英格兰的验尸官记录显示，妇女会在农业劳动过程中遭遇事故，比如在田地与谷仓，以及在使用沉重和锋利的金属工具时。

妇女的工作包括在家中、作坊和田地里劳作与协调，她们还接受其他妇女的非正式培训。到处可见妇女收集和准备食物，照料家畜，制作纺织品。罗斯基勒附近的丹麦基尔克鲁普教堂的一幅壁画（约1330年）显示，一名妇女一边纺纱，一边用臀部平衡两个襁褓中的孩子（图5）。纺织和缝纫服装需要使用专用工具。格陵兰岛13世纪的发现物就包括了针、剪刀、接缝平滑器和织机的砝码。在将羊毛和动物毛织成纱线的过程中，要用地衣和菘蓝等天然染料染色，甚至把纱线置入富含铁的水中浸泡成棕色，这些都需要用到大量的专业知识。

在城市里，妇女参加家庭手工作坊，通常在“前店”工作，在一楼商店销售制成品。在公证人、医生和商人的家庭中，女儿们学会了读、写和计算，这是在自己的家庭中为成年生活做有益的准备。妇女们出售自制商品，并经常处理家庭生意的副产品，比如把牛油制成蜡烛。在我们所说的时代的后期，妇女通常以群体

图5　约公元1330年，丹麦基尔克鲁普教堂的一幅壁画，描绘了一位母亲忙着纺纱，她身上绑着两个襁褓中的婴儿。它位于《逐出伊甸园》旁边，将辛劳与夏娃的罪恶联系在一起

的方式工作，在家里从事纺织制造业，而且她们还为社会提供越来越多的家仆，黑死病之后，对用人的需求量很大。妇女们兜售廉价商品，出售预先烹饪的食物，因为拥有私人厨房是富裕城镇居民的特权。当地的法律框架决定了我们如何认识这些妇女：公元1344年，埃塞克斯英盖特斯通的一位酿酒者被指控提供未达标的啤酒，她的丈夫代表她出庭，并支付了罚款；但在马赛，公元1403年犹太助产士阿易斯的弗洛丽塔独自面对医疗事故诉讼。

历史学家曾认为，对儿童的情感爱护是启蒙运动的发明。这是完全错误的。家庭是培养和照顾青少年的中心。从农民到贵族精英，所有社会群体都制定了一套培养青少年的方法，让他们拥有健康的身体，过上有意义的生活。即使是最低微的家庭也会前往圣殿，为他们的孩子乞求治疗。在法兰克墓葬中，与儿童一起下葬的物品包括适合儿童的武器和玩具。在父权社会中，复杂的压力和激励机制支配着人们对青少年的态度，在很多情况下，年长者比年轻人享有更多特权，儿子比女儿享有更多特权，近亲比远亲享有更多特权。人们期望妇女养育儿童，并且随着基督教行为准则在欧洲的传播和进一步确立，母亲和女性亲属作为第一批教育者的作用也得到了加强。人们在家庭里用母语教授诗篇、信经、广泛使用的祈祷词《圣母颂》和《天主颂》，以及有教化作用的宗教故事，并将它们融入家庭生活。

为保证年轻人的未来，必须做出艰难的决定。到了10世纪，欧洲大部分地区——英格兰、法国、神圣罗马帝国的部分地区——的大多数地主家庭都承认继承自父亲的土地为遗产，可以传给继承人。在这一时期，遗产为家族提供了族姓，也出现了一些固定的姓氏（*cognomina*），比如德·库西或德·布伊隆。年幼的儿子们分得的土地可能是新近获得的，对家族的威望没有那么重要。在一个极端的例子中，征服者威廉的长子罗贝尔·柯索斯于公元1087年继承了家族遗产诺曼底，而他的弟弟即未来的亨利一世，继承了最近获得的英格兰王国。

一个家族的姓氏和土地的理想继承人是成年男性，但这通常也存在着不确定性。在这种情况下，女性会成为男性的统治者，担任重要职位，手握重权。当英格兰的亨利一世准备安排王位继承时，他只有一个私生子，因此他努力为他的女儿玛蒂尔达

（1102—1167）争取继承权。他试图用宣誓约束王国的权贵们，让他们接受玛蒂尔达为继承人，从而确保王朝和政治的连续性。然而事到临头，却并没有奏效。英国贵族更喜欢一个出身稍低的人，他很有名望，受人喜爱，曾经受战争考验：布卢瓦的斯蒂芬。很快，英国陷入多年的纷争之中。在13世纪，欧洲一些最伟大王朝的君主如佛兰德的伯爵们，成功让他们的女儿成为继承人。在城市里，管理家庭作坊的行会章程允许行会成员的遗孀经营作坊，直到她们的儿子（继承人）成年。

长子继承权，即由最年长的儿子继承的制度，不仅盛行于地主之中，也经常出现在较为低微的家庭：即在整个欧洲的城镇中，继承农奴土地或手工作坊。一些地区仍保留着可分割继承权，比如肯特的部分地区，13世纪的威尔士和法国南部地区，但也面临着这一制度带来的挑战：将土地分割给几位继承人，总是意味着在一两代人的时间内一份足以保证生计的土地会变成几块碎片，几乎无法支撑任何一位土地所有者的生活。为了年轻人的利益，大多数家庭结合了几种策略：有利可图的婚姻，手艺培训，移民，土地垦荒，以及获得新租约，为从事法律职业、充当神职人员、担任大家族、城市或皇室的官员做准备的职业培训。至于女儿，家长为她们准备了嫁妆，目的是吸引一个好丈夫，而嫁妆是她们分享家庭财富的一种方式。

乡村定居点

大多数人都居住在乡村定居点，并且他们有多种生活方式。

在英格兰南部、法国北部和波美拉尼亚，有人口稠密的核心村庄，那里的村民们生活在耕地周围。一些村庄的中心是一片公共空间，如围着一口井的一片绿地或一个广场，有时临近当地的教堂。沿海的欧洲渔村有一些共同的特点。无论是挪威、爱尔兰还是西西里岛的渔村，它们周围经常环绕着沼泽和盐田；这些村庄也经常出现性别比例失衡现象，女性数量过剩。一些村庄周围有防御性的围墙，另一些则包括小村庄——分散而孤立的邻近农场。乡村定居点的布局反映了景观、居民的工作和生计，以及最初迁居时的环境。

人们普遍认为，乡村定居点是永恒不变的历史特征，但现实更为复杂和有趣。虽然南欧的一些定居点确实非常古老，但移民、劫掠、季节性移牧和征服，都导致了乡村生活的变化。想想北欧最朴素居住区的木质建筑：6世纪和7世纪居住在这里的人们定期利用他们的牲畜运输木材，放弃腐烂的木质房屋，去其他地方定居。在阿尔卑斯山地区，村民生活的特点就是流动，其中一部分居民每年都要离开村庄几个月，为应对恶劣天气去寻找牧场与某种保护。从13世纪开始，在卡斯蒂利亚的数百个村庄中，大量羊群季节性地往返于牧场。每次季节性移牧都会改变这些共同体的状况，影响达数月之久：随着近300万只羊从北向南迁移，人也和牲畜一样迁移。结果是他们的迁移路线——溪流（*cañadas*）——沿途的城镇和城市人口同时激增。

乡村定居点通常集中在庄园周围，这些庄园由教会人士或显贵所有。在伊比利亚半岛，即使在穆斯林统治者的统治下，罗马式庄园依然存在，发挥着经济单元和家庭住宅的作用。虽然粮食生产处于核心地位，但也饲养猪和羊，还有利用羊毛和亚麻等当地原材料的手工业。到了公元1000年时，这些定居点成为设防的领主住所的核心，并由当地贵族即领主（*seigneur*）加以强化。建筑城堡的目的是确保安全和显示权威。设防的共同体意味着在战争时期，可以成为居住在相邻土地上居民的避难所。锡耶纳北部的蒙特里吉奥尼一直地处佛罗伦萨和锡耶纳的边界；它的周围是一组名叫“皇冠”的高塔，其中14座保存至今，每当这两座城市发生冲突时，它都会为周围低地地区的农民提供避难所。

到了公元1000年时，贵族与附庸，以及庄园领主与农奴之间的关系，为政治和军事组织以及经济发展提供了基础。领主权关系和保有权关系决定了大多数欧洲人的生活，无论是最有权势的人还是最卑微的人，都是如此。在这些土地财富和自然资源配置的基础上，形成了一整套文化和个人价值观：忠诚、骑士精神、正义、慷慨、公共责任等等。

在欧洲的大部分地区，乡村共同体存在于一种土地保有制度中，自17世纪以来，人们将这种制度称为“封建”制度。这个术语经常被用来描述一种土地制度，人们按照在多层等级系统中的地位占有土地：每个附庸都从领主那里获得土地，作为回报，附庸向领主效忠和提供建议。领主和附庸通过一项仪式结成关系，在仪式中，附庸表示忠诚并用吻封缄。在这一关系中持有的地产可能包括一片或多片土地的组合；在最高等级中，它相当于一个郡、公国，甚至一个王国，包括其中的人口、资源和相关司法权。从赫布里底群岛到匈牙利，从托斯卡纳到挪威，随处可见这种关系，但其历史和表现形式极为多样，远远超出单一的“主义”一词所传达的内容。这就是为什么现在历史学家们限定“封建主义”一词的使用，或者干脆不用。

历史学家马克·布洛赫曾经说过，每一块土地都可以被几个人称为“我的”土地：耕种土地的人，从地位更高的领主那里领持土地的人，地位更高的领主，以及将土地授予这位地位更高领主的国王。有些土地从未成为封地，而是在领主官员的监督下耕种，这位官员一般是执行官，他负责监督雇工和农奴的工作。这些执行吏——管事（*sirvents*）或管家（*sergents*）——管理着庄园，用地方习语和农民交流，并把他们传唤到庄园法庭，指控他们侵权；在乡村共同体中，这个群体一直不受欢迎。

农奴不仅要向领主提供他们种植的庄稼和饲养的动物，而且还为领主劳动，提供工作时间。这通常是在播种或收获时，以农业劳动的形式进行，而这时也正是农奴需要急切关注自己收成的时候。每当看到城堡或防御工事时，我们都想知道，一千年前的人们是利用什么技术建造它们的。我们必须记住，领主可以从无地的人那里获得大量廉价劳动力，也可以从农奴那里获得劳动力。领主也可能强迫劳工提供其他劳动，如搬运、采石、采矿等。

政治变革影响了乡村共同体的生活节奏。诺曼征服占领英格兰后，四处修建城堡，不仅在一次性迁来几十个居民的城市中心修筑城堡，也在如威尔士边界等战略要地修筑城堡，城堡先是用木头后来用石头建造。当人们看到这些雄伟的建筑时，显然会发现建造过程中少不了劳动力和资源的有效组织。掌管大片庄园和大量依附农奴的领主可以募得所需劳动力，得到建筑所需的木材，并可以将其庄园收入的一部分用于建筑。300年前，默西亚国王奥法（757—796年在位）正是在这里修建了一道由土方工程支撑的堤坝。赫布里底群岛渔村的考古遗迹反映了征服对经济生活的影响：在10世纪挪威建立其影响力并最终称霸之前，无论在贝冢还是在正处理的沉积物中，都发现了大量的鱼骨；后来在这里发现的鳕鱼和无须鳕的数量明显增多。岛上居民的捕鱼习惯受到挪威统治的影响，由于挪威的鱼类产量，他们成为欧洲鱼干贸易的领导者。在这一时期，以窑为形式的谷物干燥技术显然已经被引入赫布里底群岛，同样黑燕麦和黑麦也传入该地，这表明向更集约化的耕作发展。这种经济上的结合或许可以解释从挪威引进亚麻带来的新的重要性，亚麻油对木材处理很有帮助，在造船过程中必不可少。

一般而言，修道院在其已有基础上获得地产，并且几个世纪以来，他们从赞助人那里得到了更多土地，作为替赞助人祈祷的交换。他们充当集体的“领主”并管理土地，这往往效率很高。由于修道院的资产能够积累几个世纪，不受兄弟姐妹纷争和嫁妆的影响，他们积累了可观的财富，因此投资了大量项目：建桥、抽干沼泽地、清理林地，以及修建美观的建筑。事实上，修道院在乡村巍然屹立，但他们的教堂往往是村民几十年劳动——采石、准备木材、建筑和雕刻——的产物。

每个地区的粮食安全都受到天气、安全和疾病等因素的影响。土地所有者的账目记录有他们在需要时提供的用于食用和播种的粮食，从中也可以窥见饥饿的威胁。匮乏产生了对富足的幻想，就像诗中偶尔想象的“安乐乡”：在这个地方，下着肉丸和煎饼雨，烤鸡直接飞进饥饿者嘴里。当地人还不顾官方反对，举办仪式和专业魔法，以避免暴风雨或让生命之雨降临。

乡村定居点即村庄，是家庭内和邻里间团结的重要场所。在欧洲基督教化的过程中，大多数村庄也变成了宗教单元。村庄生产食物，并向教会缴纳什一税，即十分之一的收成或收入归教会；对于那些有孩子需要受洗、有死者需要埋葬的家庭来说，村庄也是他们的家园。与此同时，那些拥有地产并管理其他人的群体——骑士和贵族地主——更积极地与教会、教会法和教会规范建立密切的关系，并试图把这些传播到自己的地产之上。在一个邻里之间依赖程度相当深的地方，声誉至关重要。乡村共同体对待诽谤的态度十分严肃，正如一句爱尔兰谚语所说，“明智的人都不该怀疑，言语能伤人流血”，诽谤成了一种罪行，会作为一种反仁爱的罪行受到教会法的惩罚。

公元1026年左右，修士编年史家拉杜尔夫·格拉贝（985—1047）将11世纪的教堂建筑浪潮描述为“教堂的白色斗篷”，反映了土地所有者们试图用石头建造经久耐用的礼拜场所。

领主还任命神父，但在11世纪这一权利遭到教宗的强烈反对。生命周期和季节交织在一起融入基督教仪式，使乡村定居点成为一个充满重叠关系和意义的社会框架。

集体劳作和礼拜的经历加强了合作的纽带，在共同体的成员经常生存艰难时，乡村共同体都需要这种纽带。竞争与协作并存。在青年和长者之间，勤劳者和多少有些富裕的闲散者之间，到处都有家庭内或家庭间关系紧张的事例。在村庄中，也有等级制度：拥有或占有土地的人与没有土地的人，身为土地租户的男子和依靠男性亲属的妇女。在宗教教育的鼓励下，村庄里还有慈善和分享（图6）。

城　市

尽管中世纪欧洲的大多数人都在土地上劳作，但仍有相当一部分人从事制造业和贸易，专心学业以及在城市中心提供教育和宗教服务。城镇是农产品、牲畜和原材料的销售和分销中心。市场决定着一个城镇的商业能力，同时在大多数欧洲城市，大教堂矗立在市场中。在弗赖堡，圣母教堂仍然位于市场中，而在剑桥，圣母大教堂就坐落于市场的边缘。

城市是中世纪欧洲生活的中心。罗马的遗产意味着，像位于美因河和莱茵河交汇处的莫贡塔鲁姆市，能够保留下来并演变为一个重要的中世纪城市——美因茨。该城的主教们利用葡萄种植培育出一种充满活力的经济，并在8世纪领导了对萨克森人的战争以及之后的传教活动。在政治现实需要的地方，就会建立起新的城市。公元805年，查理大帝征服萨克森人，并强迫他们皈依，之后建立了下萨克森的马格德堡。后来，它成为奥托帝国的东部前哨而繁荣起来。从马格德堡开始，圣阿达尔伯特（公元981年去世）开始努力改变马扎尔人的信仰。在11世纪早期，该

图6　帕尔马洗礼堂第十一龛的画师绘制的壁画《七件善事》(约1370—1380)："给口渴的人水喝"既表现了渴望，也表现了受赠者的感激之情

地的重要经济意义得到承认，被授予建立市场的权利。它的地位已经得到提升，成为大主教区，是一个大教省的中心。

公元1000年后，随着经济活动的发展，人们也加强了一系列措施，制定这些措施的目的是确保旅行和交流的安全。领主们保障行旅的自由，维护桥梁和道路，作为回报他们征收通行费。在意大利，地方领主和城市之间的这些共同利益确定下来，并形成一种共同治理的形式——公社。在11世纪和12世纪的公社中，这些利益结合在一起，形成了热那亚、帕尔马和维罗纳等政治实体。这些城市捍卫他们的自由，特别是有关对他们的上级领主神圣罗马皇帝的义务方面。

在整个欧洲，新的城镇和城市都是由富有进取心的统治者、主教和修道院院长创建的。在卡斯蒂利亚和阿拉贡，颁布了王室特许状（*fueros*），旨在鼓励人们前往那些刚从穆斯林统治者手里夺回来的城市定居。公元1187年，昆卡宪章欢迎"任何可能来这里居住的人……无论是基督教徒、摩尔人还是犹太人，自由人还是奴隶"。在12世纪和13世纪早期，法国国王也鼓励城市的发展，并推动了规模盛大的香槟集市。12世纪，英格兰国王授予数十个市镇自治的地位。13世纪，条顿骑士团征服利沃尼亚后，他们同样鼓励城市生活。但统治者很少完全放弃他们的权利，继续索取城市岁入或支付给军队的钱款。

城市的管理者们试图创造出一个有利于贸易的环境。进口的商品需要纳税，因此一个安全卫生的城市更有可能吸引商人。来访的商人在城镇中消费，在住宿、饮食和娱乐上花费大笔金钱。

城市委员会监管食品和酒的价格，向性工作者发放许可证并对其进行监督，并在入口处派人守卫。商人们离开了血缘和地方共同体，因此国际协定试图保护他们。公元1264年，挪威国王马格努斯·哈康松致函汉堡市，向该市保证，尽管一些汉堡商人在挪威进行贸易时遭到谋杀指控，但这些商人能够得到12名男子的宣誓，从而证明自己无罪，因此他将汉堡商人们释放。一切都很好。

13世纪，神圣罗马帝国皇帝创立了一种新的城市地位——帝国城市（*Reichsstadt*），如雷根斯堡、汉堡或不来梅。帝国官员不再管理城市事务，这些事务被转交给地方委员会，而地方委员会通常由大商人主导。现在这种城市有义务每年缴纳大笔款项，以获得管理事务、修缮城墙、武装民兵，以及管理行会和市场的权利。帝国城市和神圣罗马帝国皇帝之间在以下问题上也存在冲突：有关犹太人的待遇、城市和皇帝敌人之间的政治联盟，以及关于帝国金库的财政贡献水平。

城市中心繁荣又多元化，并且鼓励创新。共和国政府催生了管理和战略规划，其中富商最重要，有时也包括小商人和工匠。城市委员会的规模大小不等，很小的委员会只有七八名成员，像威尼斯那样的大委员会有数百人。通常情况下，人们在公共事业中投入的时间是没有报酬的，但是可以从城市的金库中获得娱乐和旅行的费用。城市政府必须容纳许多创造财富的人，还需要保护其最富有和最有声望成员的志向。在富商（通常与贵族一起）和行会成员之间，争夺代表权的斗争持续不断。劳动者和妇女没有官方的发声代表。

13世纪的城市经历了金融服务业爆炸式的发展。到了公元1300年，银行家们建立了银行家王朝，在欧洲主要城市都设立了分行。他们到处旅行，并在国外获得了影响力，同时他们的财富使得他们在自己出生的城市雄心勃勃。仅伦敦一地，就至少有十个意大利银行家族的代理人，他们的金融支持承担了英格兰王室军事冒险行动的风险。意大利和佛兰德城市的豪宅显示了商人和银行业的财富。血缘忠诚和商业敏锐结合起来，创造了强大的商业家族。这一时期最著名的长途旅行商人是威尼斯人马可·波罗（1254—1324），他与他的父亲尼科洛和叔叔马泰奥一同前往中国宫廷。这是一种学徒式的旅行，家庭通过这种方式训练年轻人，帮助他们掌握商业秘密。在这个特别的例子中，旅行持续了24年，马可·波罗将他的经历记录了下来。

锡耶纳的故事记录了一座城市生活中的所有抱负和挫折。13世纪，锡耶纳从一片种植葡萄、谷物和养殖绵羊的广阔腹地中崛起，成为银行和贸易中心。锡耶纳早熟的纺织业和银行业迅速跟进：羊毛变成了细布，周围矿山的金属变成了精加工的武器和工具。该地的商人和银行家提供资助，并掌管转运羊群的收入，这种运输是季节性的，从内陆运到海岸销售。公元1260年，当锡耶纳在蒙塔佩尔蒂战役中战胜佛罗伦萨及其盟友时，它进入了由经济增长推动的自治时期。锡耶纳人重修并扩建了大教堂，修建了市政厅，并用宗教画像和雕塑装饰城市。

锡耶纳位于连接北欧人和罗马的法兰奇纳古道（*via francigena*）上。锡耶纳的商业和慈善机构，如现在仍然在大教堂对面的阶梯圣母医院，为这些行旅提供食物、住宿和照顾。大教堂最初是献给当地的圣徒安萨努斯、萨维努斯、克雷申蒂厄斯和维克托的，但到了12世纪，它被献给了所有圣徒中最受爱戴的童贞圣母。

从13世纪末开始，锡耶纳艺术家因其独特的风格而备受推崇。受到数百年来拜占庭艺术——这种艺术有金色背景、哀伤而静止的圣母像和令人生畏的十字架殉难像——的影响，像杜乔·迪·博宁塞尼亚（公元1319年去世）这样的艺术家改进了绘画传统。杜乔创造了一种风格，它响应了锡耶纳的公民宗教，响应了方济各会修士的情感奉献，创造了一种独特的托斯卡纳风格。

这一时期，群体团结和竞争的结合，活跃了锡耶纳人的生活。该城的市民们一年到头都在为夏季全城赛马做准备，而在八月的圣母升天节将会举行最盛大的赛马会（*palio*）。沿着主干道有几座宏伟的宫殿，它们是萨拉切尼、皮科洛米尼和奇吉等富裕家族的住所。这些家族都参与了欧洲范围内的事务，但他们也通过亲属关系和赞助网络以及大量的展示行动来培养地方认同。近一个世纪以来，这座城市都是由九人组成的委员会治理。该委员会每年会公开详细的账目文件，甚至偶尔邀请该地区的教会人士担任审计员。

锡耶纳的公共空间有助于我们了解布道是如何影响城市生活的。锡耶纳的墙壁和门口仍然有耶稣人类救主的标志（*Ihesus*），这个标志由锡耶纳神父贝尔纳迪诺创造，我们在前面已经提到过他充满激情的布道。他的虔诚不是对圣徒的虔诚，而是对耶稣的虔诚。锡耶纳城市委员会任命贝尔纳迪诺宣传道德改革，尤其是在超级富裕的公民中。他用讽刺、幽默和恐怖的形象，猛烈抨击赌博、宴会、新娘嫁妆、同性恋和巫术。直到今天，我们仍然能够看见他的讲坛，烈日下的白色大理石和他的话语一样热烈。

协会、行会和“共和国”

正如锡耶纳的例子所示，城市中形成了相互竞争的政治和社会交往形式。尽管最富有者和最贫穷者之间的差距很大，但城市还是有大量的合作。制造过程和社会关系需要合作：布料的生产涉及几个连续且不同的工艺；邻居们联合起来提高生活质量，确保生命和身体的安全。在维护教堂和城墙以及为此征收税款的过程中，人们共同承担责任，其中必然有大量的合作、审查和讨论，这也成为城市生活的特征。

除了王权认可的社会等级制度和欧洲土地精英的贵族文化之外，另一种传统也在发展，即社团制或协商制，有时被称为共和制。古罗马的实践模式、自由的概念、公共辩论的传统以及罗马法，都推动了这一进程。拉丁语中的“行会”（*universitas*）正是现代“大学”（university）一词的来源，它描述的是具有共同目标的个体组成的联合实体。

“行会”是由若干成员组成的联合体，必须行动一致。比如，一个城市的工匠或商人联合起来，建立促进经济和政治目的的手工业行会，就是很好的例子。作为一个行会，他们努力就原材料——纺织工人的羊毛、木匠的木材、屠夫的牲畜等——的价格进行谈判，寻求城市委员会对行会的政策支持；或者同意他们的产品或商品的价格。行会还可以根据学徒期的长短和性质，以及通过对会员工作质量的控制，来确定会员资格标准。行会成员也通过秘密宣誓和效忠受到约束。

如果每个工匠和小商人都因为加入这个联合体而实力增强，那么他们必须相应地遵守其规则，支付会费，并尊重其设定的或者更确切地说是固定的价格。精心设计的仪式约束着行会成员和他们的家人，也约束了因为某一特定工艺位于同一条街道上而形成的街区。许多欧洲街道仍然以他们的名字命名："铁匠街"或"鞋匠街"见证了那里曾经的社会、宗教和专业合作的生活。行会成员有结为儿女亲家的习惯，从而确保职业传承的连续性以及家庭的利益。行会有自己的守护神，画家的守护神是圣路加，面包师的守护神是圣奥诺雷，金匠的守护神是圣埃利吉乌斯，有时成员们会为守护神修建小礼拜堂，并在其中庆祝守护神的节日。在这样的场合下，宗教仪式和社会愿望结合在一起，同样，行会成员的葬礼也是如此，因此所有行会成员都应该参加其他人的葬礼。行会对城市生活至关重要，其成员对城市财政的贡献也至关重要，因此在许多城市，每个行会都有代表加入城市委员会，行会成为政治代表的基础。

社团存在的模式服务于许多不同的目的。14世纪，萨嫩阿尔卑斯河谷（位于现代伯尔尼州）的居民联合起来，谈判赎买他们的自由，并在随后的几十年中，共同管理他们的事务。公元1390年，在卢塞恩湖畔的格尔绍建立了一个小共和国，男性户主协商管理地方事务。除了地方之外，政治实体偶尔也会在广阔的领土上分享共同利益，并创建以“联合”（*Liga*）为名的联合体。为了在政治和军事上抵抗神圣罗马皇帝及其盟友，意大利城市伦巴第联盟于是建立起来。它在公元1167年由北方城市联合体发展而来，后来逐步包括来自意大利中部的城市：维罗纳、维琴察、布雷西亚、米兰、博洛尼亚、韦尔切利等。在20世纪90年代，意大利北方联盟党受到联盟历史的启发，在意大利联邦政府内寻求区域自治。

在帝国的其他地区，联合体的特点是它既属于城市的范围，也属于贵族的领域。有一些城市联盟，如公元1331年创建的士瓦本联盟，它作为一个享有皇帝授予自由特权的联盟，是对抗敌人的堡垒。奥格斯堡、乌尔姆和海尔布隆等城市联合起来组建军队，并作为一个团体进行谈判。这种协调一致的工作需要一个高效率的官僚机构，它有权向市民征税，并有权代表加入的城市开展外交活动甚至交战。大约在公元1307年，瑞士城市的宣誓协会（其中包括伯尔尼、弗里堡和卢塞恩）加入了一个乡村政治团体，创建了瑞士州联盟，该联盟持续发展至15世纪。

后来，进一步联合北方各地的意向越来越明显。一个强大的贸易协会将北方和波罗的海地区的城市聚集在一起，这就是汉萨同盟。它最初是一个商人协会，从公元1356年开始，发展成一个由100多个城市组成的联盟，由吕贝克、维斯比、卑尔根、赫尔这些伟大的港口城市领导，但也包括德国内陆深处的河港和佛兰德。联盟授予汉萨商人权利，这一权利在所有成员城市中都有效。它建立了军队，并迫使君主——如公元1370年的丹麦国王——允许商人自由通行。在14世纪后期，汉萨商人投资于打击海盗的海上行动，并与英格兰国王进行了卓有成效的特权谈判。通过这种方式，在13世纪时，城市同盟的商人主要从事毛皮、木材、金属矿石、琥珀、黑麦等北方原材料的贸易，同时也发展广泛的金融服务，完善奢侈品的生产。

这种社会和政治生活方式是集体式的，在其所存在的王朝空间里又是自治的。商人们在汉萨同盟内活动自如：里甘商人可以在布鲁日生活、交易和发展，吕贝克商人可以在卑尔根置房和成家，同时他们仍然与吕贝克的家庭成员保持密切的贸易联系。这也是一个文化区；卑尔根和塔林（先前称为雷瓦尔）的堂区居民礼拜的祭坛，是布鲁日和吕贝克的艺术家制作的。汉萨同盟强调同盟范围内的自由贸易，它的官员采用执政官等罗马共和国的头衔。托马斯·曼的杰作《布登勃洛克一家》（1901）记录了汉萨同盟社会和经济体系的一些长远理想，也保留了它的大部分遗产。

在欧洲的不同地区，都明显存在这种平行的行业协会。有时正如我们在士瓦本联盟中看到的那样，统治者会提拔他们，但有时也害怕和憎恨他们。公元1388年，英格兰国王理查二世下令调查王国内的所有宣誓协会。国王从他们身上看到了一种可以隐藏财富而不被征税的手段，并且可以秘密策划颠覆活动。一年后，大法官法庭提交的申报表记录了大量的宣誓团体，这是一次局部的调查，却查出了600多个协会，其中大部分都与温和的宗教和公民目标有关。

那些希望增强宗教体验的平信徒常常寻求加入宗教团体，这种团体名叫兄弟会（法语、西班牙语和德语分别称为*confréries*, *hermandade*s, *Bruderschaften*）。作为一个社团，他们采取集体行动：收取会费，选举官员，宣誓效忠和保密，聘请神父为死去成员的灵魂祈祷，聘请传教士，创作供他们使用的剧本和赞美诗，并委托艺术家为他们小礼拜堂的祭坛作画。提出这种倡议的人更愿意加入一个适合自己的团体，团体中的其他人应该和自己在财富和性格方面相近，并值得信任。有时这些社团会使用亲属式的话语，强调他们之间忠诚和谨慎的关系。

在欧洲传统中，联合体的习惯是强有力的。它是一种安全有效的互动模式，所有阶层的人都愿意选择它：许多人的意见汇集成一种声音。因此贵族和精英骑士团联合起来，如公元1326年匈牙利国王查理一世创建的圣乔治骑士团，或公元1348年英格兰国王爱德华三世创建的嘉德骑士团。有时为了特定的目的，比如十字军东征或朝圣，贵族也会建立不太正式的联盟。杰弗里·乔叟描述前往坎特伯雷朝圣的混杂人群时，他认为朝圣者是一个临时的兄弟会。

第三章

伟大的理念：基督教的救赎

公元4世纪，一个起源于犹地亚且几个世纪以来没有名字的犹太教分支不断壮大并最终成形，形成一股名为“基督教”的势力。基督徒闻名于整个罗马帝国，其主要原因是在戴克里先（245—311）和尤利安（330—363）等皇帝统治下，他们遭受了众所周知的残酷迫害。君士坦丁皇帝确立了基督教的合法地位，在他主导的宗教会议中，人们公开讨论基督教的信条。4世纪末，基督教已经取代帝王崇拜，成为罗马帝国的官方宗教。

基督教为信徒群体实现个人救赎提供了一条道路，这要感谢上帝化身为人耶稣，他的诞生为世界带来救赎恩典。在早期的几个世纪，地中海沿岸城市出现了基督教共同体，这些共同体由使徒建立并由主教领导，还有神父和执事指导宗教生活。基督教活跃于整个近东、北非和欧洲大部分地区，但它的教义具有普世意义。

基督教的救赎

在高卢、北非、西班牙和意大利，接受古典课程教育、受到公共事务训练并从中得到回报的人，成为基督教欧洲的领袖。就在周围的政治秩序发生巨大变化之际，大量男女以家庭为单位开始信奉基督教。几个世纪以来，帝国一直与蛮族及其首领共享领土。随着越来越多的蛮族领袖接手帝国防御事务，许多罗马精英开始转变身份，成为基督教领袖：战士型的圣徒如圣马丁或圣杰曼努斯，主教型的圣徒如圣安布罗斯（约340—397）以及后来的奥古斯丁，每一位圣徒都为全世界的基督徒生活树立了榜样。元老院家庭的人成为主教和公职人员。像波埃修斯（约480—524）和卡西奥多罗斯（约485—约585）这样的人意识到，在新统治者的治理下，政治变化影响着他们身处的世界。对于他们这个阶级的人来说，这是一种传统的职业，他们试图通过公共事务捍卫基督教精神和罗马法。

现在主教们收取原先交给帝国官员的税收，他们利用这笔收入加强城市防御并抵御攻击，确保水和粮食的正常供应，为不断壮大的共同体修建教堂，迅速处理异教崇拜的遗迹，建立慈善机构，并在时局艰难之时安抚他们的信众。梅斯的维利库斯主教（542—568年间担任主教）颇有远见地储存粮食，保卫城市免遭入侵，因此受人颂扬。公元585年，一个委员会曾指示：主教们不应该养狗，因为狗可能会阻止那些需要帮助的人接近他们。很快，所有城市都有了教堂和洗礼堂，它们装饰着城市的风景，主教们在其中举办仪式阐释信条，从而支持着基督徒的心愿。

古典传说产生于异教世界：异教徒的诗歌颂扬众神，它的法律预设一个像上帝一样的皇帝作为国家元首，它的哲学提供了通往完美的道路，而这与基督教道德的道路大相径庭。公元300年到公元600年之间，古典传统的“基督教化”进程正在进行。在西班牙，我们发现了律师兼省长普鲁登修斯（348—413），他也是一位诗人，一位基督教诗人。正如受过法律训练的罗马人一样，他利用精湛的文学和修辞技巧达到基督教的目的：创作赞美殉道者的诗歌，撰写关于罪恶心理的道德辩论，编写针对那些仍然支持和同情异教徒的人的反驳。与他同时代的奥古斯丁在《上帝之城》一书中也尝试了类似的转变，但更有野心。该书是在公元410年西哥特人洗劫罗马城之后写成的，在这部历史和神学著作中，奥古斯丁反思了罗马的过去，批判了异教徒的世界观。他还提供了一个核心的基督教道德方案，有罪的人通过它可以生活在这个世界上，同时渴望上帝之城。在后来的几个世纪中，奥古斯丁的作品一直是神学和政治思想的基础；它的概念以古代晚期的哲学、语法、修辞学和诗学为依据。

当他们的宗教影响到新的民众时，这些基督教领袖会利用他们的教育和社会影响力，来赞美它并强化它的影响。诗人贝南蒂乌斯·福图纳图斯（约530—609）就是一个很好的例子：他出生于意大利北部的一个特权家庭，在东哥特王国的首都拉文纳接受教育，然后向北旅行，成为法兰克宫廷的公共知识分子。他的诗歌以奥维德和维吉尔为原型，歌颂基督教王朝、蒙受神恩的女修道院院长和虔诚的贞女。经过他这些努力，基督教文化超出了神职人员的圈子，发展并进入享有特权的平信徒的生活：贝南蒂乌斯为庆祝王室婚礼创作诗歌，也为圣徒节谱写圣歌。他发展了一种自传体写作方式，写作基督教圣徒的模范生活，比如公主出身后来成为普瓦捷圣十字架修道院女院长的拉德贡德，这是一种独特的新基督教体裁。

城市尊敬那些将基督教传播至此的圣徒和殉道者，有些殉道者甚至在被迫害期间传教，比如维埃纳的费雷奥洛斯或阿尔勒的西姆伦纽斯。圣格诺韦法（约419—约512）也就是后来法语中称为热纳维耶芙的圣徒，是一位出身于富裕家庭的女性，她的父母在距离巴黎不远的地方拥有地产。她在宗教方面早慧，在巴黎的一所宅子里过着虔诚的生活。公元451年，她在这所宅子中鼓励巴黎人直面匈奴人的攻击。在她死后，人们服从她、崇拜她，并把她视为圣徒。

爱尔兰的基督教文化不仅强大，还较好地适应了本土，在这一时期，产生了几位有影响力的领袖。圣科伦巴努斯（543—615）是到勃艮第传教的传教士，此时勃艮第刚皈依基督教。在一位勃艮第朝臣的支持下，他和他的追随者来到吕克瑟伊堡，并在城堡的废墟中定居。在那里，人们形成了一种宗教生活模式，后来也被其他共同体效仿。这不仅是世俗赞助人和宗教狂热者的作品，也是基督教在农村环境中的植入，整个地区都能感受到其影响。

将基督教传播到与罗马世界几乎没有接触的地区，是一个更大的挑战。基督教仪式的力量必须被证明真实和有效。与所有宗教一样，基督教必须能够有助于与死者对话，并支持社会关系。一群虔诚的精英传教士——通常是修士——从充满活力的基督教生活中心，来到与异教徒接触的地区。《圣巴尔巴托斯传》讲述了在公元663年巴尔巴托斯如何使贝内文托的伦巴第人皈依基督教：他砍倒了举行仪式的那棵树，挖出树根并将其粉碎。当证明了巴尔巴托斯的力量和树的无能时，基督教新的信徒就推选他为贝内文托主教。同样，圣卜尼法斯（约675—754）从威塞克斯来到乌得勒支，和传教士威利布罗德一起在弗里斯兰人中工作。在他的第二次旅行中，他前往罗马接受教宗对其使命的祝福，转而到位于法兰克王国边界的黑森北部向萨克森人传教。他的传记描述了他与萨克森人的神圣象征对抗的壮举，特别是他设法摧毁了他们在弗里茨拉尔的神圣橡树，最后却没有受到惩罚，在橡树被摧毁的地方，后来建起了修道院。在他最后一次前往弗里斯兰布道时，像许多传教士一样，他死在了他的传教对象手中。公元1168年，十字军袭击了位于波罗的海吕根岛上的阿科纳神庙，拆除了战神斯万特维特的雕像，将其切碎并用这些木头做饭。或者说，我们听到的故事是这样……

约公元1230年，斯诺里·斯图尔吕松的传奇故事《挪威列王传》记录了挪威国王的事迹，其中描述了奥拉夫国王（约960—1000）是如何皈依基督教的。作为一个异教徒，奥拉夫拜访了一位居住在锡利群岛上的先知，结果却听到了自己的命运：为众人洗礼并引导他们走向真正的宗教。这篇后来的记述或多或少体现了一种传统，即蒙受神恩的干预使奥拉夫成为挪威和冰岛的传教士国王。对于奥拉夫这样的统治者来说，他们对自己的军事领导和能力感到非常自豪，基督教必须以一种胜利的宗教，一种能够带领其追随者在世界上取得胜利并战胜死亡的宗教形式出现。因此文字和图像展现出的基督形象，必须是胜利和庄严的。有时基督教的物质文化和礼拜仪式会给人留下深刻印象，甚至击垮他们。公元1205年，为了教育利夫人[①]而演出《圣经》情景剧，由于场景非常生动，观众认为暴力是针对他们的，于是纷纷逃跑。

随着传教士们继续努力在东方和北方传播基督教，宗教文化在已皈依的地区逐渐发展，并对欧洲宫廷的统治精英产生了影响，基督教在这些统治者的领地内也牢固确立。公元841年至公元843年间，法兰克贵族妇女多达为她的儿子威廉写了一本指导书，威廉近期被召到西法兰克王室宫廷。这部作品表现了一位心系子女的焦虑母亲的爱，但它也显示了圣咏对9世纪贵族的重要性。多达数百次引用《圣经》中的圣咏，并提到奥古斯丁；她还谈到儿子准备就寝时的温馨时刻，并建议为他的安全祈祷。多达的作品还表明，阅读培养了一种敏感和微妙的情感。一位母亲在这里利用这些技巧和洞察力帮助她的儿子，对于法庭上的法官和照顾教民的神父来说，这同样很有帮助。仅一个多世纪之后，在下萨克森的冈德谢姆女修道院，继罗马人特伦斯之后，赫罗斯维塔（935—约1002）写作了喜剧，还写了关于基督教殉道者苦难的剧本和读物，其中包括许多女性人物。在为出身高贵的妇女而建的这个修道院中，她操着一口流利的拉丁语，并创作了荷马在《伊利亚特》中使用的韵律诗。欧洲基督教文化的普及，使得赫罗斯维塔和她在萨克森的姐妹们意识到并同情那些9世纪50年代在穆斯林西班牙科尔多瓦殉难的基督徒；她还为他们创作了一首诗。

① 芬-乌戈尔人的一支。——编注

修道思想和实践

人们渴望通过个人努力寻求救赎，渴望在忙碌的日常生活之外，在全身心投入的共同体中与罪恶作斗争，由此引发了许多实践，它们在孤独或与世隔绝的生活状态下进行，就像科伦巴努斯的实验那样。公元6世纪，努西亚的圣本笃（约480—约547）制定了共同体内宗教生活的模式。本笃是翁布里亚地主家的儿子，他在接受教育后开始了孤独的宗教探索，并在苏比亚科周围的山区生活了多年。他在该地区建立起宗教团体并给他们指导，公元529年，他终于领导了卡西诺山的修道院，并制定了会规。他的修道院成为一个有影响力的基督教完美愿景，是宗教组织中一项不朽的成就，很快被全欧洲数百家修道院采纳。

受早期集体宗教生活实验的启发，本笃的模式为可持续共同体提供了一种平衡的生活方式。修道生活的核心是个人在集体环境中的奋斗。公共方面意味着，任何人都不能拥有个人财富或财产，必须受约束地维持禁欲主义信仰。修道院的顶层是它选出的精神领袖即男性修道院院长；他像所有父亲一样引导他人，但也有规训和惩罚的权力。上帝做工（*opus dei*）是通过持续献上的祷告和集体敬拜进行的。但在地窖和花园里，还有其他工作要做，工作的目的是确保有足够的食物，生病的修士能得到照顾，最重要的是修士们不能闲着。

本笃会修道院的生活依靠农业土地生产的农产品和收入，而这些都是创建者和赞助者的捐赠，也是永久的礼物。如果有人曾在修道院圣殿里接受奇迹治疗而心怀感激，就很可能为修道院增加财富。公元785年，当里克伯吉斯女士参观尼韦勒的圣格特鲁德修道院神殿时，她的病治好了。作为回报，她赠予这座女修道院12个庄园及其农奴，还有一座她赞助的教堂。地位略低微的人会用其他方式表达他们的感激之情。12世纪50年代，在诺里奇的威廉——他是一位童子殉道者——的神殿接受治疗后，萨福克郡沃瑟姆村一名10岁男孩将自己的一生献给了诺里奇大教堂修道院。

对修道院的管理涉及修士与外部世界之间的联系：监督农业劳动、销售产品、款待捐赠者、与当地主教互动以及照顾修道院中的朝圣者，这些修道院是圣徒圣殿的所在地。一般而言，这些任务会分配给有经验的信徒和负责不同事务的主事者，而平信徒则受雇执行法律和商业任务。世俗的活动和事务侵入修道院，造成长期的紧张局势；有时这种情况只能要求修士放弃修道院生活的基本原则——安居（*stabilitas loci*）。

如果是女修道院，所有这些困难会变得更加复杂，因为修女们在很多方面不得不依赖男性：不仅在耕地、市场和法庭方面，在日课和圣事典礼上也是如此。一些修士领导人向女性提供教牧辅导。公元512年，阿尔勒的凯撒留斯（约468—542）为他姐姐领导的修女制定了规则。规则强调严格的封闭；与修士不同的是，修女从不招待宗教权贵，只能与其他修道院的女性一起用餐。公元836年，富尔达的修士鲁道夫写了一本传记性著作《圣利奥巴传》，并寄了一本给萨克森修女哈图莫达（840—874），这样她就“可能有愉快的读物和认真仿效的对象”。在一些地方，“双元制”修道院是并排建造的。事实上，我们谈到的吕克瑟伊的科伦巴努斯和基尔代尔的布里吉特（约451—525），都建立了这样的双重共同体。高卢对盎格鲁-撒克逊人产生了影响，激发了类似的实验：在惠特比由圣希尔达领导；在伊利由圣埃塞德丽达领导。在所有这些例子中，有权势的女性——无论是天生高贵还是凭借婚姻显贵——都参与了创建，她们的权威和魅力也让她们能够在其中担任领导者。尽管几个世纪以来，偶尔会有一些人拥护“双元制”修道院的传统，如英格兰森普林翰的圣吉尔伯特（约1083—1190）或瑞典的圣布里奇特（1303—1373），但长远来看这种传统是无法延续的。由于存在着对恶习的抱怨，这促使主教和教宗即使是在同一修道会内，也为男性和女性建立了不同的道路：就像后面几个世纪的熙笃会、方济各会和多明我会一样。从平均数字来看，女性修道院收到的捐赠较少；因此它们通常规模较小，在经济上更脆弱。

几乎每个世纪，本笃会的规章都是改革新方案的基础。公元910年，阿基坦公爵威廉将一些林地授予勃艮第的克吕尼修道院第一任院长贝尔诺。一种宗教秩序由此诞生：母修道院领导着几个下属的“女儿”修道院。它的要义是在奢华的建筑环境中持续虔诚祈祷，并且除了教宗之外不受任何人的监督：配以雕梁刻柱，用于庆祝圣事的华美器皿，以及精心谱写的圣歌。克吕尼修道院吸引了贵族、皇室创立者和出身高贵的新成员。它们为精英提供了一种宏伟而奢华的修道院体验。

11世纪末，一群修士聚集在莫洛姆的圣罗贝尔（约1029—1111）周围，开始了又一次改革的尝试。罗贝尔出身于香槟的一个骑士家庭，在勃艮第的西多进行严格的修道院生活实践。他们的模式不是不断祈祷，而是劳动。在荒凉的环境中，在边缘的土地上，熙笃会教徒追寻荒野，将此作为逃离世界的途径。他们寻求隐居和艰苦工作的生活方式，正吻合当时的经济增长趋势：清理无人居住的土地，发展更密集的农业形式，以养活快速增长的人口。在忠诚的兄弟们照料下，在世俗皈依者的劳作下，熙笃会修道院管理着繁荣的农庄，在约克郡、托斯卡纳、威尔士、波希米亚和波美拉尼亚，他们大受欢迎。由此带来的财富积累使他们能够修建好的图书馆，并布局合理且完善的房屋。他们创新的招募政策允许那些没有接受过拉丁语教育的门外汉，作为庶务修士（*conversi*）加入该会，这让熙笃会流行一时，在12世纪和13世纪广受欢迎。

由于熙笃派的修道院联系密切，他们最终形成熙笃会，通过选派已建立的修道院中的成员去建立新修道院的方式，熙笃会的领导者试图加强所有修道院的统一性并严格管理。于是公元1146年，约克郡芳庭熙笃会教徒来到卑尔根附近的吕瑟，建立了挪威第一座修道院。然而，每个修会显然都必须回应当地的宗教风格和热情。12世纪70年代，英格兰的熙笃会教徒率先采用新的圣托马斯·贝克特节日，是最早承认该节日的修会之一；波美拉尼亚科巴茨修道院的熙笃会教徒为该地区的守护神圣奥托修建了一座礼拜堂；而在苏格兰，梅尔罗斯修道院则为圣布莱德修建了一座礼拜堂。亲属关系网络会影响吸收新成员：13世纪初在丹麦洛古姆修道院，领唱者（负责唱诗班）就有一个教友兄弟。熙笃会的会众很快拥有了数百座修道院、朴素的教堂和简单的圣歌。熙笃会最著名的思想家克莱尔沃的贝尔纳（1090—1153）是一位神秘主义者、神学家和辩论家。在他痛斥其他修道院的艺术作品时，却捕捉到早期熙笃会生活的热情。当修士们试图阅读《圣经》时，周围的雕像和画像会分散他们的注意力，他问道："肮脏的猿在那里干什么？""凶猛的狮子？""可怕的半人半马怪物？"

由于我们的资料往往带有圣人传记色彩，因此我们很难确定年轻人参与宗教生活、赞美修道院圣徒晚年生活的动机。一些家庭会将其成员安置在修道院中，以解决他们的问题；一些统治者也会把敌人放逐到修道院。直到12世纪，人们都有可能向修道院提供儿童，即献身给上帝的儿童（*oblati*）。此后，正式加入前需要成年人同意。许多世俗之人选择在修道院安享晚年，在相对舒适和安全的环境中忏悔。修道院之所以具有吸引力，原因可能在于它是教育、学习、音乐、艺术、园艺、医学等领域的重要活动中心，所有这些活动都可能促进个人的发展，同时也能实现宗教使命。在萨克森的冈德谢姆有一座女修道院，院长名为哈图莫达，曾有一位修士为她写作过传记，描述她作为女修道院院长的艰辛："她仔细思考院长的尊称到底意味着什么，是受人爱戴，还是令人生畏。"宾根的希尔德加德修道院院长（1098—1179）在参与教会政治的同时，也成为领导者、学者与神秘主义者。

修道院是一种小型组织，成员彼此熟识，但因年龄和性格而有所不同。修道院有其独立的部门：地窖、厨房、缮写室（*scriptorium*）、医务室、学校和唱诗班；其中既有艰辛的劳动，也有成就。集体实践创造出高度的亲密感：公元8世纪，一些盎格鲁-撒克逊修士抄写员完善了一项书写技能，能够写出别具特色却相同的手写字体。像所有的机构一样，修道院中既有卑鄙专横的人，也有乐于助人的善良人。由于远离家人和朋友，修道院培养了成员之间深厚而热情的友谊，也产生了嫉妒和悲伤的挫折感。

每个修道院也是一个更大的赞助和合作网络的一部分。这一点在修会方面最为明显，但它也通过区域网络发挥作用。《欢乐花园》创作于公元1167年至公元1185年间，该书作者兰茨贝格的赫拉德是阿尔萨斯霍恩堡修道院的女修道院院长，这本书为她的修女们提供了神学、文学和音乐知识，是一部精美的插图手稿。赫拉德从邻近的马尔巴赫修道院借来手稿，经过她仔细编辑才最终完成。信使们经常大声朗读寄来的信件，而厚厚的信件将修道院及其成员联系在一起。修道院也是为死者祈祷的组织；诺曼底的圣埃夫鲁勒修道院和87所其他修道院之间存在联系，目的是相互祈祷；利摩日的圣马夏尔修道院则和37所其他修道院保持联系。在各修道院之间，流通着记载死者姓名的羊皮纸卷，促使修士相互为死者的灵魂祈祷。

在修道院内部或修道院之间，有时会发生关于基督教教义的争论，这些争论相当重要。9世纪30年代，在皮卡第的科尔比修道院中，两位修士——帕斯卡西乌斯和拉特拉姆努斯——发生了关于圣礼性质，尤其是圣餐的讨论，这是有关这一主题最早的讨论之一。在12世纪的英格兰，修士们激烈地争论庆祝圣灵感孕节是否明智，而这一事件在福音书中没有记载。由于每一个新成立的修会都批评旧的已有修道院的松懈和堕落，因此修会之间有了争论。在修士和修女的笔下，出现了重要的新神学方法和见解：修士安塞姆（约1033—1109）在他的《上帝何以化身为人》中，阐释了上帝为何必须化身这个有影响力的构想，这位修士来自意大利，后来成为坎特伯雷大主教。在这些辩论中，修士往往使用华丽的古典修辞，引用《圣经》权威来表达自己的想法，有时还会发展成激情澎湃的个人活动。

修道院对院墙之外的宗教文化产生了深远影响。由于修士们的宗教关怀，修道院通常成为用当地语言书写宗教作品的中心。它们是艺术作品的生产中心。对欧洲的农村人来说，基督教生活表现最明显、给人印象最深刻的，无疑是修道院。宗教机构相对稳定持久；他们维持对当地圣徒的崇拜，偶尔提供教牧关怀，并在节日和需要时分发食物。修道院通常在当地进行招募，因此在这些修道院中，也注入了土地所有权和当地影响力网络的因素。

一些著名的修道奋斗者变得非常有名，以至于当他们去世时，人们期待奇迹的发生。当科隆维利奇的阿德尔海德（约970—1015）在她创办的女修道院去世时，科隆主教希望将她的遗体保存在他的大教堂中，用作朝圣和敬礼。她的姐妹们设法使她回到修道院安葬，这是她的愿望。然而成功孕育了破坏；许多修道院都发现，朝圣者的需求和他们欢乐的庆祝活动破坏了他们的共同体所寻求的平静。

自从12世纪欧洲各地建立起修道院后，它们和地方堂区之间产生了复杂的关系。通过正式或日常的影响，修道院使得附近堂区的宗教习俗更加丰富。海斯特巴赫的熙笃会僧侣凯撒留斯（1199—1240）讲述过一个具有教育意义的故事，其中就设想了这种交流。一位特里尔堂区的神父曾在熙笃会修道院停留过一段时间，他在那里学习了《又圣母经，慈悲之母》这首对唱赞美诗。这首赞美诗对他帮助很大，因为不久后当他遇上暴风雨，在一座教堂里避雨时，他请求圣母平息雷电，由于他一直怀着真诚的奉献之心歌唱赞美诗，所以他的请求灵验了。

寻求自由的教会

随着欧洲经济的增长和破坏性入侵频率的下降，公元1000年后不久，一个联系更加紧密的欧洲正在崛起。近期的皈依使冰岛和波希米亚融入欧洲的宗教和王朝体系，波兰和丹麦也是如此。人们从人口密度更高的西部向东部迁移，这意味着密集的农业生产方式得以推广，因此为了养活不断增长的人口，他们种植了更多粮食。许多活动都是由教会机构——尤其是修道院——带领的：它们是一种相对稳定的存在，由当地精英成员捐赠，也是这些阶层的家园。修道院有时是政治和经济力量的先锋：9世纪末，乌赫尔伯爵吉弗雷德再次移民加泰罗尼亚，与他合作的是耕种乌赫尔平原的修道院。

主教们通过以主教座位（*cathedra*）命名的大教堂（*cathedral*）

领导周边的教区。大多数欧洲城市都有一个洗礼教堂，正是在那里，当地人成为了基督徒。城市一词来源于古罗马的“市民”（*civitates*），因此现在成为英文中的city，而最著名的城市是教会和世俗事务的行政中心。尽管有其他建在圣徒坟墓上的教堂和礼拜堂，但它们都隶属于该市的母教堂——洗礼教堂。

尽管有修道院的影响，有地主家庭的偶尔支持和圣徒的零星灵感，但直到12世纪，乡村地区的宗教牧养仍是零散的，在整个欧洲几乎没有统一。贵族家庭有自己的家庭神父，他们的成员能够建立修道院和女性修道院。地主能够在自己的地产上为附庸修建教堂；他们任命神父并装饰圣坛，以供所需。主教们为教会学校的神职人员提供培训中心，他们发挥了重要的作用。公元1000年以前，已婚男子仍然有可能成为神父，同时拥有家庭。

无论罗马与某些欧洲地区相距多远，它都是无与伦比的基督教中心。在教宗的仪式中，罗马帝国的象征意义仍然清晰可见：法衣、圣歌和头衔。教宗不仅抬高了当地罗马圣徒的地位——殉道者彼得和保罗、涅柔斯和阿喀琉斯——还助长了早期在君士坦丁堡蓬勃发展的圣母崇拜。公元800年，查理大帝来到罗马接受加冕。后来德意志国王们也来到这里寻求加冕。事实上，正是神圣罗马帝国皇帝亨利三世（1017—1056）鼓励将世界上的教会视为一个以教宗为首脑的等级官僚结构。教宗是罗马这座独一无二城市的主教，也是世上基督的代理人，他赋予主教职位和权威，而主教们也相应像优秀的牧人一样，监督教区以及其中的所有信徒。或者说，理想状态应当如此。

现在，从罗马产生的愿景是教会的等级制度和教规，以及摆脱世俗权力的自由，即教会自由（*libertas ecclesiae*）。在这个世纪初，法国北部的上帝和平运动表达了类似观点，该运动敦促教会利用其权威控制骑士暴力，保护弱势群体；米兰的帕塔里亚运动也表达了类似观点，他们对控制著名的米兰教堂的贵族教会统治提出抗议。克吕尼修会已经在更有限的意义上发展了自由的理念，它只对罗马负责，不向任何其他世俗权威负责。教宗格列高利七世（约1015—1085）领导了改革；在早期职业生涯中，希尔德布兰德曾是克吕尼修士，即使成为教宗，他仍然保持着原先的身份。

格列高利七世提出，教会自由这一强有力的概念根植于罗马的自由（*libertas*）观，这激发了新的神学、法律和外交活动。格列高利试图使帝国和皇室不再干涉教会的任命，从而允许教会官员自由行事，而不是伟大君王的代理人。花钱买教会职位的行为（买卖圣职罪）和提拔不能胜任的亲属担任教会职位（尼哥拉党人行为）的做法是根深蒂固的，由此教宗辩论派开始出现态度的重大转变，认为这是一种不可容忍的权力滥用。格列高利七世利用教宗使节——经授权能够在欧洲各地行动的使节——为教宗的案件进行辩论，并将其运用到当地的情况中。

这种抱负的转变必然演变为一场政治斗争，争夺任命主教、召集基督教法庭、立法和修正婚姻、界定战争和商业道德的权力，有时还涉及纠正统治者的权力。由此格列高利和当时的皇帝亨利四世（1050—1106）发生了冲突，并导致精神领袖使用终极武器：将皇帝逐出教会，逐出基督教生活的仪式。公元1077年在卡诺萨，一场戏剧性的较量迫使亨利四世进行一场有辱人格的忏悔仪式，寻求与教宗和解。在神圣亲属关系传统已经扎根的社会中，国王是有号召力的军事领袖，他们期望民众忠诚于己，而教会希望由神父引导基督教社会，如何才能实现这一雄心勃勃的新愿景？

12世纪时，统治者和主教之间发生了几次类似的冲突，主教们维护教会的“自由”，即在精神事务上的自主权。教宗和皇帝之间的斗争偶尔会导致在选择教宗时出现分歧。公元1159年，欧洲统治者被要求在两位教宗中选出一位，这两位都是由罗马的枢机们选举产生的：亚历山大三世与维克托四世。前者是一位极为活跃的立法者和领袖，得到了除皇帝腓特烈一世和帝国主教以外的所有人支持。这种不谐调关系会带来非常实际的结果，因为在这样一个分裂时期，谁将得到信徒缴纳的什一税？谁能任命主教？谁来裁决向罗马上诉的案件？

教宗的主张与王室司法管辖权相抵触，特别是在神职人员的法律地位方面。有时国王不仅会以原则对抗主教，还会采用一些奇怪的做法。比如，波兰最早的本地斯拉夫主教之一斯坦尼斯瓦夫（1030—1079）是一位受过教育且有能力的领袖，在他所服务的国王博莱斯瓦夫二世的命令下壮烈殉难，成为殉道者。争论的焦点不仅是一系列关于教会财产的对抗，还有主教惩罚国王道德的权利。正是因为将神父带上法庭的权利和教宗在英格兰的权威问题，英格兰国王亨利二世（1133—1189）与其前任大臣、顾问和朋友、后来的坎特伯雷大主教托马斯·贝克特（约1118—1170）之间产生了裂痕。贝克特在他的大教堂被人谋杀，公元1173年，教会迅速封他为殉道者，人们对此的反应热烈而广泛：托马斯是一位英国圣徒，但他的故事在英吉利海峡之外也很有意义。

最终，国王和高级教士形成了一种融洽关系，因为统治者依赖只有教士才能提供的仪式支持和培训，而教会机构则依赖只有国王能够保证的保护和特权。因此到了公元1200年，王朝统治者与教会法庭共同对民众进行管辖。大量的事务得到处理：遗嘱认证、亵渎和异端审判，以及对所有人生活至关重要的婚姻事务。

堂区基督教

大约在公元1200年之后，基督教信仰和习俗在欧洲近90 000个堂区广泛地并定期地传播。教区教堂成为一生中频繁或不频繁地礼拜时的熟悉空间，个人和家庭在这里庆祝他们生命中最重要的时刻。北欧的教堂是用木头建造的，南欧的教堂是用石头建造的，教堂的装饰和陈设在很大程度上取决于教堂内的礼拜者。神父和社区一起担负维护教堂结构的责任，但如果由一位富有的赞助人负责，那么堂区教堂可能会获得宏伟的绘画、钟楼、精美的祭坛和雕像（在1000年以后），以及后来的装饰性窗户。当地人民的手工艺品装饰了堂区教堂，使之更加华丽：妇女为祭坛制作的刺绣布，或男人精心维护的建筑结构。堂区能发挥多大的作用，在宗教教育和精神慰藉方面提供多少帮助，都取决于堂区神父，取决于他接受的训练和动机，以及该堂区所属教区主教是否小心警惕。主教们力图为苦苦挣扎的神父提供有用的手册、示范布道和指导忏悔的问题清单。城镇居民接受堂区、行会小礼拜堂和大教堂内外的各种宗教服务，听取神父和教理老师的布道，观看他们组织的宗教戏剧，并从中受益。

公元1100年至公元1200年间，通过主教和世俗统治者的共同努力，其中许多制度安排都发生了变化（方框2）。现在盛行的是堂区制度，部分以长期提供教牧关照的安排为基础。每个堂区都是一个礼拜仪式的单位，是官僚机构，也是规章制度和缴纳什一税的单位。欧洲各地的堂区既有小而多的类型，如约克城的堂区，也有乡村的大型堂区，如波美拉尼亚和利沃尼亚的堂区。堂区基督教是在神父的指导下由平信徒进行的仪式、教导、参与和奉献的结合，约公元1250年后，得到了平信徒堂区执事的协助。

方框2　第四次拉特兰宗教大会

教宗英诺森三世（1160—1216）花了两年多的时间策划这个全基督教世界的宗教大会。公元1215年11月，412名主教、900名修道院院长和许多世俗统治者的代表聚集在罗马教宗宫殿进行了三周的讨论（图7）。这些讨论产生了大约70条关于宗教生活重要方面的教规，其中特别关注对堂区内平信徒的规定和对异端邪说的惩罚。在随后的几十年里，主教们根据这些教规在当地的宗教会议上立法，从而在整个欧洲传播了基督教生活的共同蓝图。这次大会制定了重要而恒久的规定：它将圣餐变体论作为一项信仰，并规定所有信徒每年都必须参加忏悔和接受圣餐。大会还要求犹太人和穆斯林在衣服上佩戴明显的标志，避免与基督徒混在一起；并呼吁向圣地发起新的十字军东征。

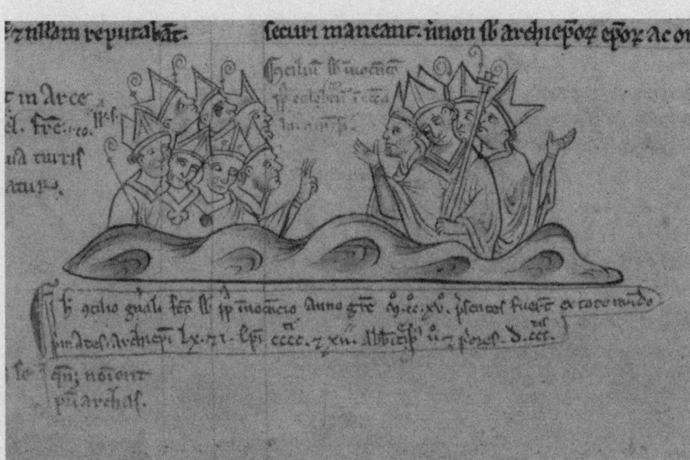

图7　英国修道院编年史家马修·帕里斯描述了1215年第四次拉特兰宗教大会的激烈讨论，此次会议颁布了一项广泛的基督教生活规划

堂区教堂有多重身份：是聚会场所，是安全的避难所，是储藏室，也是举行仪式的地方。生命周期中的重要时刻都与教堂仪式有关，在堂区教堂内或附近举行庆祝活动：出生、成年、结婚和死亡。通过圣礼，神父向堂区居民传达教会的巨大财富——救赎的恩典。洗礼抹去受孕时传给胎儿的原罪污点（图8），并创造了精神伴侣——承诺支持新基督徒的教父教母。在青春期，基督徒

的信仰得到确认，通过触摸主教手上的圣油，恩典得以传递；从那时起，这位基督徒每年会忏悔，随后苦修赎罪，以此来与罪作斗争（图8）。结婚是为了建立基督教家庭，帮助抑制罪恶的欲望。

每个成年人都有每年忏悔一次的义务，并根据神父的要求赎罪，所有这些都是为了做好准备，接受在弥撒时供奉在祭坛上的面包——即在后来被称为“变体”的过程中转化为基督的血与肉

图8　洛伦佐·迈塔尼在奥尔维耶托大教堂外立面的雕刻（约1310—1320），描绘了亚当和夏娃受到诱惑的场景

的面包。据冰岛斯卡霍尔特主教帕尔·荣松（1155—1211）的传奇故事记录，他认为弥撒是相当重要的圣礼，甚至可以取代频繁布道的需要。当人们来到生命的尽头，面临超越死亡的未知之旅时，神父会在临终前献上最后的恩典——终傅圣事。在这之前，会进行忏悔、领受圣餐，并采取涂抹神圣的基督膏油的形式。

堂区不仅为生者服务，也为死者服务。按照传统，照顾死者是家庭的责任。法兰克和西哥特的法律通过严厉立法打击盗墓者，维护死者的尊严。随着堂区的兴起，在所有的仪式中都缅怀死者，并且堂区神父可以为随时发生的死亡提供指引。圣洁的好人升往天堂，邪恶的罪人堕入地狱（图9），而大多数人可能认为，

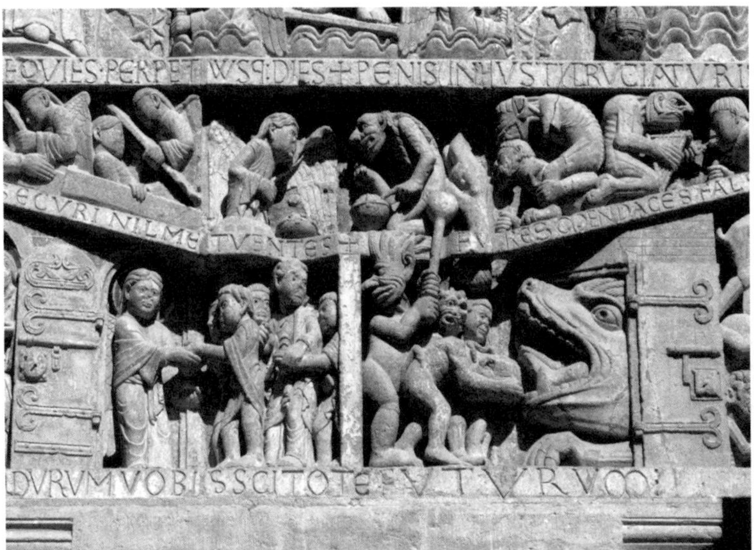

图9　在孔克的圣福伊修道院大门上方的雕刻，约1110—1150，左边生动地描绘了神选者的喜悦，右边则描绘了受诅咒者进入地狱入口时的痛苦

他们自己和所爱的人不属于这两个类别。神学的发展指导着堂区的教化，大约在公元1200年，引入了关于炼狱更准确的教义。在这里通过折磨和痛苦净化人心，最后得到净化的人在天堂占有一席之地。在炼狱停留的时间长短不得而知，因此人们被鼓励通过祈祷、善行，甚至是在死后由神父和祝福者为他们祈祷，尽可能多地收集功德，希望由此可以避免折磨，至少减轻痛苦。在许多情况下，富人可以精心安排一生的祈祷，或者在他们的遗嘱中留下这样的指示：让小礼拜堂和唱诗班祈祷，并建立慈善机构，让穷人产生感恩的祈祷。因此他们可以安抚自己的焦虑，也可以表达他们对死去亲人的衷心怀念。在鬼故事里，经常有这样的情节，即丈夫死后回到寡妇身边，告诫她按照遗嘱为他的灵魂祈祷。

堂区涵盖了生活的各个领域，从摇篮到坟墓。除了规划和提供符合复杂人类体验的仪式生活之外，教会还实施了一种真理和审查制度。12世纪，它发展出一种寻求良知应对忏悔的手段。早期几个世纪里更为普遍且经常公开的忏悔，让位于在判断行为时对环境和动机的探究：是谁？是什么？在哪里？通过谁？什么时间？多少次？为什么？这项行为准则在教会法庭、堂区巡视、负责寻找和打击异端邪说的特别法庭（教宗宗教裁判所）中涉及庞大的官僚机构。异端邪说即“邪说女王”，显然需要用“折磨女王”的方式来对待。很少使用刑罚，最常见的是由于害怕被逐出共同体生活，行为准则才起作用。逐出教会的制裁——被排斥在基督徒交流圈之外——意味着受到惩罚的人不能领受圣礼，或参加教堂活动。这是为了迫使人们认罪、悔过、忏悔并赎罪。行为准则的另一种执行方式是禁行圣事令，通常是为了迫使统治者服从教宗的意志，并对全体人民宣布。因此公元1208年至公元1213年间，在约翰国王拒绝接受教宗任命的坎特伯雷大主教后，教会惩罚了英国。公元1376年在与教宗的领土战争中，佛罗伦萨城被教会禁行圣事，因此佛罗伦萨人在教堂墙壁上钻孔，以观察修道院内进行的仪式。

堂区之外

如果有人负担不起加入宗教机构的费用，他们还可以在森林里、山顶上、无人居住的偏远地方寻求隐居之路。这是一个仅对男子开放的选择，因为妇女的生活由男子监督。然而有少数妇女能够隐居在自己的共同体内，在堂区教堂附近禁闭，住在小房子里，成为女修道士。

对于更喜欢交际的人来说，朝圣令人兴奋，是通往治愈和赎罪之路。富人和权贵可以前往与基督教故事密切相关的地方，如罗马和耶路撒冷，但大多数人只能参观本地的圣殿。参观圣地——无论是圣徒墓、殉道者墓，还是祭奠圣物的圣地——激发了人们写作旅行文学作品，让少数人的经历传播给更多人。8世纪末，《艾恩西德尔之旅》为法兰克的读者们描述了去罗马城的几条路径，在随后的几个世纪中，因为有祭坛画和祈祷书，人们可以拥有“虚拟朝圣”体验，宗教人士依然可以想象自己身处圣地。

基督教会提供的救赎方案，是信仰与日常生活实践的复杂组合。在我们所讨论的时代，有人认为世界上的基督徒生活过于松散，而教会则过多卷入世俗事务。周期性的改革运动试图改善这种紧张情况。有时最积极投身于俗世的人，会成为最伟大的批评家。里昂商人瓦勒度（约1140—约1218）与他的男女追随者——后来被称为瓦勒度派——一起，放弃了他们的财富，向平信徒宣扬贫穷。阿西西的方济各（约1181—1226）是当地一位富商的儿子，在翁布里亚的一个城市里过着享有特权的青年人生活，但在商业财富和市政野心之中，他转向了贫穷的福音。方济各会创造了一种新的宗教生活形式，最初这种形式震惊世人，它与新兴的堂区制度背道而驰。起初他们并没有接受圣职，也没有为堂区服务，他们是自由人，他们的生活是基督徒的榜样，他们的布道和劝诫是基督徒的良言。

他们像乞丐一样生活，用当地语言传教。这一群体可能的贡献是如此显著，甚至教宗都授权这场反文化运动，作为其对抗宗教冷漠的秘密武器。教宗英诺森三世向方济各会颁发了特许状，希望他们效忠，并邀请对宗教“一切照旧”最严厉的批评者到他的寓所。在平信徒的支持下，欧洲各地建立了数百所托钵修士的修道院。方济各会传入丹麦的例子可能是典型：公元1232年，一群赤脚的方济各会教徒进入里伯镇，该镇给了他们一所房子；接下来的几年里，在世俗捐助者的捐赠下，他们又在丹麦其他几个城镇修建了托钵修道院。

对于这种“入侵”，堂区神父和主教表示不满，这并不奇怪。如果人们更愿意接受新来者提供的服务，那么作为宗教体验中心的堂区，作为接受平信徒资助的堂区，又会变成什么样？堂区神父完美地处理多项任务：他完成日常事务，探望病人，照顾需要帮助的人，管理堂区财产，指导年轻人——而修士是专业的传道者。修士会的成员在大学学习期间，会得到该修会的帮助，享受舒适的住所和图书馆资源，并且修士会在全欧洲数百所修道院对其成员进行培训（图10）。他们为欧洲培养了一批最有影响力的思想家，其中包括方济各神秘主义者和神学家波拿文都拉（1221—1274）；与他同时代最伟大的中世纪神学家是多明我会的托马斯·阿奎那（1225—1274），以及当时最伟大的科学家、天文学家和光学家方济各会的罗杰·培根（1214—1294），他可能是眼镜的发明者。正如大多数富有号召力的运动一样，随着时间的推

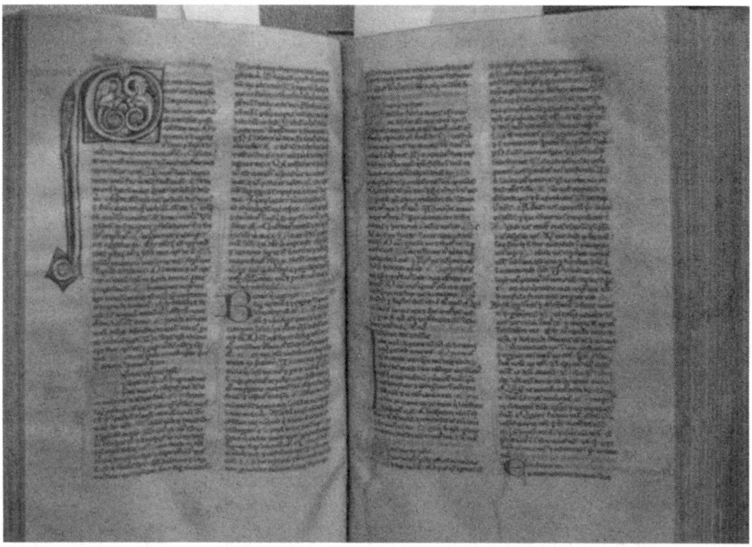

图10　可能出自牛津的一本《圣经》(约1250)，这是一种供学者使用的新型书籍，比如多明我会修士，这本书正是为他们制作的。它便于携带，布局清晰，方便查阅

移，托钵修士们逐渐养成了要求较低的生活方式。于是出现了一些讽刺性的言论，嘲讽托钵修士和他们的行事，正如杰弗里·乔叟描述朝圣的托钵修士为“放荡而快乐”，充斥着流言蜚语和“市侩言语”。

在我们所讨论的时期之前的几个世纪，在修道院或宫廷中发生了许多文化讨论，产生了许多思想。在堂区宗教和圣礼的生命周期之外，又有新的因素影响宗教体验。其中最明显的是对圣母马利亚的依恋。公元5世纪和6世纪的拜占庭赋予她皇室的风格，加洛林帝国和奥托帝国的宫廷艺术家，以及盎格鲁–撒克逊人的艺术家都采用了这一风格，在12世纪则转变成一种新的风格：圣母马利亚作为一位母亲，在家中与儿子一起工作、祈祷和玩耍。此外，几个世纪以来修士们发展起来的谦逊祈祷，现在已经用各种语言表达，从匈牙利语到普罗旺斯语，从冰岛语到加泰罗尼亚语。圣母马利亚的经历是可以企及的，它与大多数欧洲人所了解的生活产生了共鸣。

在布道、艺术品和礼拜仪式中，救赎的戏剧渗透到堂区。通过托钵修士们的布道，被钉在十字架上的基督因为献身精神而崇高，这培养了人们对受苦受难上帝的同情——这产生于11世纪的修道院，现在也成为城镇居民的共识。方济各本人也表现出对基督的独特认同，对应基督的身体，他的身上也有五处明显的伤口，即圣痕（*stigmata*），分别位于双手、双脚和侧身。教会鼓励信徒们认同上帝的悲伤和悲伤的耶稣母亲（图11），一些人甚至利用他们的闲暇时间，再现这种同情：在专门朗诵圣诗的宗教俱乐部，

图11　尼科洛·德尔·阿尔加于约公元1462年或公元1463年为博洛尼亚的生命圣母教堂创作了这组雕像，传达出一种强烈的情绪，与对基督受难的沉思联系在一起，也吸引着基督徒信众前来探索

有人一边朗诵一边自我鞭笞。在大斋节和圣周期间，信徒们受到吸引，对十字架高度敏感，从而发自内心地感受到基督徒和犹太人之间的差异，引发了虐待和暴力。

在城市中，平信徒参与宗教活动的现象尤为明显，因为那里有大量财富，而促进公民活动是其存在的核心。我们已经看到，对于锡耶纳这样的城市来说，分享仪式有多么重要。平信徒参与其中并作为宗教代理人，现在已经很普遍，这也让女性更加引人注目。在公元1250年后被封为圣徒的人中，有更多的平信徒和女性。在那些得到共同体崇拜的人当中，有已婚妇女、寡妇、女文盲和知识女性。在低地国家和德意志北部的城市，女性团体——贝居安会——从事纺织或鞋带制作的体力劳动，并将其与慈善结合起来，在繁华的城市中，形成了一片类似堂区的地区。在布鲁日和根特那样的城市中，一些建筑群——贝居安会院（*beguinages*或*begijnhoven*）——仍然传递着这些忙碌的宗教女性所创造的秩序感、谦逊感和平静感。她们引起了部分人的怀疑和不满，但一些有远见的主教和告解神父明白，这样的女性是多么鼓舞人心。

欧洲地区孕育了自己的宗教身份。在贫富差距相当明显的佛兰德和意大利城市，世俗财富的流转特别剧烈，因此产生了极端贫困的福音。12世纪中叶，有着独特欧西坦文化的法国南部朗格多克地区，以及意大利北部和中部的一些地区，接纳了一种我们可以称之为“二元论”的宗教观念，并以“卡特里派”为世人所知。该派别信奉一种宇宙学，其中有两个原则，一个是物质的和暂时的，另一个是精神的和持久的，两者一直处于冲突状态。

卡特里派拒绝为物质注入恩典的圣礼，只承认最完美的卡特里派教徒接受的一种形式，即坚信礼（*consolamentum*）。在“善良”的男女说教引导下，卡特里派走向与肉体、性和权力的分离。法国国王和教宗联合起来，试图将朗格多克纳入法兰西王国，并将卡特里派纳入天主教阵营，这场运动被称为讨伐异端的阿尔比十字军（1209—1229）。当西蒙四世·德·蒙福尔（1165—1218）指挥的北方军队与图卢兹伯爵的军队对峙时，在卡特里派的据点如贝济耶和卡尔卡松，数千人惨遭屠杀。从此卡特里派在很大程度上被摧毁了，但一个世纪后，它的信仰仍然渗透到基督徒的生活中。公元1318年至公元1324年间，蒙塔尤村民的二元论论调吸引了帕米耶宗教裁判所主教的注意，审判留下的记录包含了关于这些很复杂的宗教信仰最详细的证词。

一旦平信徒参与到宗教生活的形成，就不可能抑制创造性的公共宗教习俗。这在极度痛苦的时候最为明显。面对黑死病，出现了许多新派别：埋葬会、鞭笞会和纪念死者的新制度。只要负担得起，所有人都希望扩大祈祷范围，为自己和亲人祈祷。呼吁教会改革的倡议采取了许多不同的形式。在波希米亚，人们利用种族认同感来抵抗主要讲德语的神职人员。受大学神学家扬·胡斯（1369—1415）的启发，传播广泛的胡斯运动寻求从帝国获得政治独立，并改革圣礼。结果胡斯被处死，皇帝领导了一场针对起义地区的征服运动。

尽管举行圣礼总是需要一位神父，但有时平信徒——从富商到工匠，无论男女——更喜欢独自参加圣礼。有些人手头有书籍和画册，定期接触个人喜爱的神父，或联系其他修道院，以此丰富他们的生活。在佛兰德城市中，现代灵修几乎完全不需要神职人员的参与，因为其成员专注于善行、阅读《圣经》和虔诚的作品，并仍然活跃于世俗界。有知识的平信徒提出了对信仰图像的要求，这鼓励工匠们创作出第一幅版画，并在几十年后创作出第一幅木刻画，这是印刷革命的雏形。到了15世纪初，人们可以买到条形的宗教图像或机械复制的雕刻品，有时把它们挂在墙上，或缝在祈祷书中——特别是信教女性的祈祷书中。

在15世纪的意大利城市，儿童提供的宗教灵感让人们产生了兴趣。为青年组建的宗教剧团，如公元1411年在佛罗伦萨成立的大天使拉斐尔剧团，在游行中展示年轻人的纯洁和天真，人们欣赏他们的音乐表演。在我们所讨论的时期的末期，即15世纪90年代，臭名昭著但富有魅力的传教士吉罗拉莫·萨沃纳罗拉（1452—1498）设法以宗教热情感染佛罗伦萨，并雇用年轻人参加旨在惩罚罪人的忏悔游行。在棕榈主日，男孩和女孩们身穿白色衣服，头发上插着橄榄枝，手里拿着十字架游行。很显然，文艺复兴时期的佛罗伦萨纳入了一些非常传统的宗教体验模式，这些模式不能简单地归结于“中世纪”的实践。公元1498年，萨沃纳罗拉以异教徒的身份遭受绞刑和火刑，这表明了这些宗教信仰风格及其政治共鸣的波动性和多样性。

第四章

王权、领主权和政府

神圣的王权

我们已经注意到：基督教帝国统治的遗产与日耳曼人盛行的一呼百应的军事领主之间存在着动态融合。这一过程导致神圣王权的出现，成为一种概念和实践。它促进了王朝的抱负与正义、仁慈和上帝恩典统治思想的融合。这是一种具有挑战性的混合，不仅由知识分子尽力灌输，权势人物也在努力实现它。

皈依基督教后，蛮族统治者开始采用罗马帝国的仪式和符号。蛮族盛行亲缘族群的联盟，而这些联盟首领的地位逐渐增强，成为基督教统治者。公元800年，查理大帝证明国王也可以获得皇帝头衔。公元1000年，奥托宫廷的作家们提出了“神佑世系”（*beata stirps*）的概念，用来描述国王世系。在随后的几个世纪中，史诗和传奇故事作家们认为，天生的统治者生来就在皮肤上留有特殊的印记。

神圣的王权诞生于王朝统治者和教会之间的契约。教会与统治者共享训练有素的人员，也共享他们提供的专业知识和服务，并且在宗教问题和神圣权力仪式上，教会向统治者提供咨询意见。相应地，教会希望统治者维持基督教的认同，保护教会，促进正义与和平。一般情况下，这种关系在皈依过程中形成。皈依基督教的匈牙利大公盖佐之子斯蒂芬，接受了基督教统治的可能性。他击败该地区其他异教徒统治者，并且在教宗西尔维斯特二世的祝福下，于公元1000年加冕为国王。他的妻子吉塞拉（985—1065）是巴伐利亚公爵和勃艮第公主的女儿，正是从她的身上，斯蒂芬学会了如何以基督徒的身份进行统治。赠礼和教会的支持确保了这样的王室婚姻。这对夫妇通过立法和树立榜样的方式，在匈牙利推广基督教，尤其信奉圣母马利亚。斯蒂芬的新身份使他的地位比喀尔巴阡地区的其他贵族更高。同样在公元1170年，丹麦国王瓦尔德马尔召集贵族集会，并借此确认了他的新地位——丹麦唯一的统治者——并通过教会的涂油礼和加冕仪式确认。

当一个新的基督教王朝形成时，圣洁的家庭传统也随之形成。基辅罗斯公国国王弗拉基米尔（约958—1015）的儿子鲍里斯和格列布在战争中牺牲后成为殉难者，人们对国王的崇敬感加强了。家族中往往流传着王室虔诚的传统。匈牙利的圣伊丽莎白（1207—1231）在14岁那年结婚，20岁成为寡妇，此后她一生都在照顾病人。她的侄女匈牙利的玛格丽特（1242—1271）在修道院长大，因为她的父母将她献给了宗教生活。

公元1066年，诺曼底的威廉公爵入侵并征服英格兰的大部分地区，带来战争的创伤，此后他也成为一位神圣的君主。经由教宗批准，约克大主教埃尔德雷德在威斯敏斯特大教堂为他加冕，制作巴约挂毯的英国妇女捕捉到这一场景，用针线活描绘出来，令人难忘。身为基督教君主，威廉支持教会改革，也是较早接受新教宗关于教会自由思想的君主之一。即使他致力于发展世俗立法，他也允许教会法庭蓬勃发展。相应地，教会协助了诺曼化的进程，并向王国提供受过教育的王室大臣和顾问。

对于大多数读者来说，关于神授王权最广为人知的，可能是它的排场，以及它在视觉艺术和音乐、建筑和仪式方面的遗产。布拉格的圣维图斯大教堂和圣温塞斯拉斯教堂仍然保存着皇冠珠宝，离戒备森严的王室城堡很近。通过王朝间的交流，基督教王权的形象和行为被接受。公元1381年，英格兰国王理查二世与皇帝查理四世的女儿波希米亚的安妮（1366—1394）结婚时，理查的宫廷向她的帝国朝臣学习。《威斯敏斯特的理查二世画像》现存于威斯敏斯特大教堂，是独特的威严王权形象，反映了波希米亚人从东部拜占庭习得的画像传统——朴素的正面像。在金色背景下，国王手持权杖和宝球端坐，戴着王冠，穿着坎肩，不同于此前任何一位英国统治者。在一组同样由理查二世委托绘制的画作《威尔顿双联画》中，精神和宗教层面受到了明确的约束：左边半幅画中，理查呈下跪姿势，和他一起的还有施洗者圣约翰、忏悔者爱德华（1033—1066）和他身后的圣埃德蒙（逝于869年）。这群人面对着在天庭中心的圣母马利亚，她的儿子将绘着耶稣复活的旗帜——象征神圣力量——交给命定统治者。

人们期望神圣君主能够利用暴力来促进基督教和平，因此君主似乎是宗教战争的天然领袖。虽然其中一些人比别人更加热切地呼吁，但所有君主都必须做出回应。第一次十字军东征（1095—1099）由欧洲贵族领导，是到耶路撒冷的武装朝圣。但第二次十字军东征（1145—1149）吸引了德意志国王康拉德三世（1093—1152）和法兰西国王路易七世（1120—1180），他们成为领袖。公元1187年耶路撒冷落入萨拉丁之手后，英格兰国王理查一世（1157—1199）、法兰西国王腓力二世·奥古斯都（1165—1223）和皇帝腓特烈一世·巴巴罗萨（1122—1190）共同领导了第三次十字军东征（1189—1192）。

在11世纪和12世纪，随着基督教王权的确立，大多数王室定居在首都，正如几个世纪以前查理大帝居住在亚琛：英格兰国王生活在温彻斯特和威斯敏斯特，巴黎是法兰西的首都，卡齐米尔一世（1016—1058）生活在其统治下的波兰新首都克拉科夫，阿拉贡国王拉米罗一世（1007—1063）定居于韦斯卡。即使神圣的国王喜欢一个地方，并以它为首都，他们的巡行也从未停止。13世纪末14世纪初，当英格兰王室随行人员前往苏格兰征战时，威斯敏斯特的几个政府部门仍在运作，但最重要的档案和大量人员与国王同行。

首都的设计反映了责任和尊严，这与基督教统治相关：正义、教育和教会的赞助。它们保存着残留的国家仪式，也是这种仪式的舞台：接待外交官、节日游行和庆祝胜利。死后被封为圣徒的路易九世（1214—1270）曾将圣徒教堂建成如圣髑盒般的建筑，以存放荆棘王冠残骸，这是他从1204年十字军洗劫君士坦丁堡的战利品中获得的礼物。恢宏壮丽的哥特式教堂里回荡着男孩合唱团的音乐，他们是属于国王的歌唱者。同样，亨利三世重建的威斯敏斯特大教堂也十分宏伟，它的王朝叙事强调了自忏悔者爱德华以来的连续性，以及基督教对所有罗马事物的普遍忠诚，甚至包括1268年意大利艺术家在祭坛前铺设的马赛克人行道。

神圣的王权意味着，他们必须有效地提供正义和确保和平，通过一种专门的文学作品"王公之镜"和布道，提醒统治者不要忘记他们的责任。一些国王因为他们主动的行动而获得长久的认可。阿尔弗雷德大帝反抗维京人，作为威塞克斯的国王，他为自己确立了霸权地位。他创立了一个宫廷，在这个宫廷中可以有效地防御和提高税收，也可以同样高效地与教宗和欧洲领袖沟通。他的一项成就给同时代人留下了深刻印象，那就是为了提高朝臣和神职人员的能力，他委托创作了一些作品。在阿尔弗雷德的主持下，基督教古典著作，如伟大的格列高利教宗的《教牧关怀》和《对话集》、波埃修斯的《哲学的安慰》、奥罗修斯的《反异教史》，以及比德的《英吉利教会史》，都被翻译成了古英语。这些不同风格的作品都希望提高世俗和宗教领袖的目标，拓宽他们的视野。由于历史支撑着身份认同，所以阿尔弗雷德很可能主持了《盎格鲁-撒克逊编年史》的编撰，原始副本被赠送给几个修道院保存和更新，在某些情况下，一直延续到12世纪。

领主权

在继承罗马帝国的王国中，担任公职的人通常有权向土地征税获得收入，即采邑（*beneficium*）。即使在蛮族国王统治下，这一制度仍然基本延续下来，因为它确保了军事和行政人员工作的连续性。在伊比利亚，西哥特国王保留了罗马的王室财库，并且随着王国没收叛国者的土地，继承昔日寺院的土地，得到无嗣继承的财产，财库不断壮大。在古罗马各省的城镇中，地方参事员（*curiales*）继续收税，并将税收转交给统治者，这是一种由来已久的管理制度。国王们利用这一制度奖励忠诚的追随者，但采邑仍然被视为一种公共事务。公元675年，提乌德里克三世国王没收了一位公爵的土地，因为这位公爵投奔了他的敌人。在法兰克墨洛温王朝统治下，统治者正是以这种方式持有高卢土地，用土地换取服务，一旦服务结束，土地便需要归还给国王。即使在查理大帝及其继任者的统治下，官职也不能继承，并且存在着严密的审查，这意味着远离中心地带的地方官员，仍然被理解为加洛林“国家”的仆人。

公元9世纪，大一统的加洛林王朝分裂成几个王国，分别是意大利王国、东法兰克王国和西法兰克王国，并且维京人、马扎尔人和穆斯林的持续劫掠带来了混乱和暴力，一切都在经受着考验。现实要求地方统治者稳固防御，维持法律和秩序，因此公共行政面临着严峻挑战。官员们一如既往地从事管理工作。自公元800年以来的严格检查现在已经缺席，所以公共事务和私人事务、公共财产和私人财产之间的区别变得模糊并最终消失。现在伯爵会把职位传给自己的儿子，采邑正是维持家族权力和权威的手段。他们给追随者分配部分土地和收入，即封地，以换取忠诚和支持。这块封地能够保障重装骑士的生活与生计所需要的资源，即提供一匹战马和所有装备。现在是那些训练有素的战士以及熟练使用剑、盾和长矛的骑士展现军事力量的时候了。

公元1000年左右，欧洲土地、财富和权力都处于长期重组的过程中，这一体系正是它的基础。它产生了一个相对稳定的统治阶级：很明显11世纪的伯爵和城堡领主中，很多人的先辈是9世纪的王室附庸。除了责任和义务，土地也成为拥有独立影响力的基础。到了11世纪，这些人的家庭、世系和遗产的意识非常强烈，并激发了新的家族史体裁产生，去记录伟大的事迹，如安茹伯爵“粗鲁的富尔克”（1043—1109）、波兰王子博莱斯瓦夫（1086—1138）或1162年至1184年的巴塞罗那伯爵的事迹。（方框3）相应地，这些附庸可以变得非常强大。诺曼底公爵是法国国王的附庸，但他征服了英格兰并成为国王；罗贝尔·吉斯卡尔（约1015—1085）是在伦巴第服役的一位诺曼贵族的第六子，他后来成为阿普利亚和卡拉布里亚公爵，也是教宗的附庸。

方框3　骑士制度

骑士制度一词描述了一系列想法、实践和经验，是从事军事活动自由人的行为准则和生活方式。它的惯例促使战争中出现了有荣誉感的行为，甚至也影响了敌对双方之间的相互约束，例如对待战俘。基督教价值观影响了骑士制度，因为教士的目的是限制暴力发生的范围：保护手无寸铁的人，禁止对教会使用暴力，禁止在大斋节和宗教节日期间发生战争。因为武士阶层的成员可能会在战斗中遇到亲属，所以该制度的目的是规范他们之间的战争，避免他们遭受最残忍的暴行——残害肉体和耻辱。因此，骑士制度中发展出一种以形状和颜色为基础的符号语言，帮助识别身穿盔甲的骑士，纹章学由此诞生。针对穆斯林的战争有助于加强基督教事务和战争之间的联系，并且在12世纪，产生了像“狮心王”理查和熙德这样的骑士英雄。教士将关于亚瑟王丰富的英国历史传统，改写成有关骑士建功立业和闯荡冒险的史诗，如《寻找圣杯》。这些作品先用法语，之后用其他所有欧洲语言写作。

除了理想化的男性英勇和忠诚这一主题外，还发展出一种相关的爱情形式：宫廷爱情。它想象出一位骑士对一位优雅而杰出的女士未实现的渴望，并启发了诗歌、歌曲和视觉意象。虽然骑士制度在战争期间发挥作用，但在和平时期，在伟大的国王和贵族宫廷的格斗与英勇表演中，骑士制度也更加完善。骑士文化在宫廷中推广，妇女可以赞助人身份参与其中，并参加艺术仪式。出身高贵的年轻人可能会沉浸在骑士文化中，因此希望通过战斗获得名望和经验：后来的英格兰国王亨利四世（1367—1413）年轻时加入了条顿骑士团，在利沃尼亚传播基督教（图12）。骑士主题一直影响着社会关系，启发着艺术创作，即使到了雇佣兵和大炮取代重装骑士的时代，依然如此。

图12　公元1274年，条顿骑士团在马尔博克修建的城堡（波兰北部），献给圣母马利亚。它和周围的城镇反映了骑士团在东北欧的军事和政治统治

一旦封地、领主和效忠的话语成为概念并加以确立，就会被写入宪章并反映在法律中。这些概念还出现在诗歌和历史的世界里。通过受过教育的神职人员，这一话语得以传播，其中的矛盾得到调解，同时神职人员还促进皈依，并管理新的基督教政体。随着各地区融入欧洲，这一话语也融入关于领导力、勇气和忠诚的本土理念。挪威王国（*Norgesveldet*）就是一个很好的例子。在这里，人们利用领主权和效忠的话语，来表达马恩岛和赫布里底群岛国王戈斯洛瑟与挪威国王英吉·哈拉尔德松之间的关系。同样，公元1217年，据说马恩岛和赫布里底群岛的洛格马尔国王，从挪威国王手里“受封”得到他的王国。相应地，当挪威入侵苏格兰失败时，公元1266年的《珀斯条约》将挪威国王降为苏格兰国王在赫布里底群岛的附庸。到13世纪，王朝外交已经发展成为欧洲统治者之间沟通和解决争端的一种方式。统治者与他们的附庸以及他们附庸的附庸共享领主的责任和话语，从而形成了贵族政治文化。

罗马法传统不仅在古罗马各省盛行，而且成为12世纪法院和学校法律研究的基础，关于这点，我们将在下一章讨论。威尔士、爱尔兰、萨克森、法兰克、阿勒曼等地的传统习俗，对生活的许多领域——土地保有权、婚姻、对盗窃和谋杀的惩罚——进行了规范，但在促进商业和支持国家和统治者的观念方面，罗马法相当有用。公元1000年至公元1200年间，王室行政部门——逐渐地但并非总是连续地——努力将对重罪的处罚从家庭惩罚的领域转移到王室司法的领域。大量家庭之间的仲裁意味着，并非所有案件都提交到王室法院，但官员们试图为王室界定死刑案件，并动员共同体提供资讯，要求他们在发现犯罪行为时高声疾呼。

处于支配地位的王室立法体系采纳了地方传统，如12世纪后期的英格兰亨利二世，或13世纪中期卡斯蒂利亚的“智者”阿方索十世的王室立法体系。伸张正义是王室的职责，也是行使权力和增加收入的机会。拥有各种头衔和身份的王室法官走遍王国，伸张正义。当地精英会提供常规公共安全和地方建议、成立陪审团并逮捕嫌疑人，而王室官员则审判谋杀、抢劫、叛国等重案，收取罚款并惩罚性地没收财产。

在我们所研究的时代后期，我们可以看到，王室法庭变得越来越复杂与精密。他们对经济事务进行立法，并通过控制货币来干预商业活动。在英国，他们检查利润丰厚的羊毛贸易，这意味着在14世纪初，国王对出口到欧洲大陆的35 000袋羊毛征收关税。随着王国的扩大，军事防御和国内管理的负担变得更加繁重；他们需要严密的中央政府和档案记录。这一时期繁荣的经济作为一种收入来源日益复杂起来，需要海关和保护主义法律的监管。经济和政治生活的参与者众多，因此有必要进行广泛协商。罗马有句格言，“凡是关乎所有人的，必须得到所有人的认可”，民众热烈呼吁在有关财政问题的讨论中派代表参加，同时也呼吁国王和他的贵族就战争问题进行协商。虽然领主们身边总是有提供建议和支持的附庸，但最大的领主——国王——需要金融、法律、行政和外交方面的专业建议。为了实现这个目标，他们任命了王室事务的专门人员，但也进行协商。在欧洲各地，各国议会

(*parlement, diet, cortes, landsthag*)都在发展，旨在代表政治国家的成员：贵族、教士、骑士和市民。协商范围的扩大意味着，到了15世纪，城市参与了波兰、波希米亚和匈牙利的国王选举过程。

国王被视为伟大计划的赞助人。我们已经看到，基督教王权和基督教军事行动领导者之间的联系是多么紧密：对圣地的十字军东征、在伊比利亚的再征服运动以及对异端的战争。15世纪，王室赞助的新气象同样证明了王室的领导权。从14世纪30年代起，葡萄牙国王领导了对非洲的探索，为官方航海员和制图员提供特权和特许状。到我们所研究的时期结束时，他们的伊比利亚邻居费尔南多和伊莎贝拉接触到一个怀揣千禧年热情的商业企业计划：克里斯托弗·哥伦布寻找印度的向西之旅。当其他君主拒绝了这位热那亚商人兼旅行者史无前例的冒险时，这两位君主让哥伦布留下并支持他。作为基督教君主，费尔南多和伊莎贝拉怀有使命感，也有领导力，因此哥伦布的愿景吸引了他们。

第五章

交换、环境和资源

在本书中，我们已经讨论了自然资源及其用途，但现在，让我们把它们看作一个生产和交换的经济系统来重新考虑。因为在我们所研究的时代，艰苦的劳动生产出食物和原材料，在大多数情况下，这些食物和原材料维持着人口的生存，但同时也是奢侈品制造、交换和贸易的基础。例如我们在匈牙利的女性坟墓中发现了精美的北方琥珀首饰，而此地距离首饰的生产地斯堪的纳维亚半岛约1 000公里，所以在6世纪，斯堪的纳维亚半岛和匈牙利已经通过贸易联系起来。大多数地区的目标是生产日常用品，因此贸易商运输的多是异国商品，如象牙、香料和丝绸等。11世纪，一首名叫《梅里加托》的德语诗描述了神父雷金伯特通过在冰岛出售葡萄酒和蜂蜜而致富的故事。塞尔加修道院建于约公元1100年，是挪威最古老的修道院，神父们在举行弥撒仪式时，身穿由西班牙丝绸制成的法衣。

在罗马帝国金币消失几个世纪后，这种高价值贸易依赖于有限的银币库存。其中，一些黄金被制成与教堂和宫廷仪式有关的手工艺品，成为珍品，如十字架和王冠，还有一些黄金用于购买进口到欧洲的货物，最终流入穆斯林世界。在公元1100年以前的农村社会，人们很少使用货币。直到13世纪，人们才再次铸造新的金币，公元1231年皇帝腓特烈二世首次铸造金币。

公元1000年后，所有的经济活动都加速发展。正如我们所见，在接下来的两个世纪里，由于充足的粮食和不断增长的人口，经济、共同体和生活方式变得更加多样化。由于白银的发现，货币供应渗透到农村市场，虽然只有少量过剩的农产品，但也鼓励交换，因此小型市场和新城镇激增。由于基本食品贸易发展起来，波罗的海的粮食能够养活佛兰德市民，大约10%至15%的欧洲人不用亲自种植粮食，可以选择购买。在城市中心，新形式的企业成长起来：家族公司、合资公司和支持商人的隐名合伙人都促进了贸易的发展，它们的影响无处不在。意大利商人主导了远东贸易，而意大利银行家则提供了战争所需的大规模融资。到15世纪，在欧洲各地设有分支机构的以家族为基础的银行并不少见：比如米兰的博罗梅奥，公元1434年起在布鲁日设立了分行，不久后又在伦敦设立分支机构。

耕地和牧场

无论经济如何多样，它总是依赖农村的基础。人们必须在耕地和葡萄园、牧场和草地等其他生产形式之间保持平衡。大多数个人和共同体面临的挑战是，生产适合的和足以满足劳动人口和牲畜以及城市人口所需的粮食。除了生产粮食外，还需要收集、开采或种植原材料，用于制作服装、搭建住所、制作家居用品和一些奢侈品市场的制成品。

人们把田地中出产的谷物制成主食，如面包和粥。用于制作白面包的小麦是一种经济作物，但是生产它们的人很少食用，而是吃黑麦面包或混合谷物面包。在很多地区，粥都是主食：它由大麦粉制成，如苏格兰的燕麦粥或意大利中部的糊。在人们食用主食时，往往会伴着小份的肉类、鱼类、蔬菜和奶制品，但或许只有总摄入量的五分之一。至于肉类，匈牙利和低地国家的农民通常吃牛肉，法国大部分地区吃家禽，德意志和不列颠诸岛吃猪肉，地中海地区吃绵羊肉和山羊肉。羊奶比牛奶使用得更频繁，羊圈也因粪便的沉积而富有养分。饮用啤酒也增强了营养：由燕麦发酵产生的苦味凯尔特和萨克森褐色啤酒，以及更北和更东地区的以大麦为基础口味浓度更淡的德国啤酒。在南方，葡萄种植区的人饮用年份尚短的葡萄酒（方框4）。

方框4　葡萄酒

虽然莱茵河和摩泽尔河谷等欧洲的部分地区适合种植葡萄藤，但法国南部、伊比利亚和意大利的葡萄酒却广受欢迎。早在罗马时代，大多数当代葡萄酒产区已经确定，在随后的几个世纪里，这些地区的葡萄栽培继续发展。约公元1000年后，西北欧对葡萄酒的需求增长，因此葡萄酒贸易成为中世纪经济中活跃的一部分。公元1084年，施派尔教堂大主教吕迪格等富有进取心的主教邀请专业的葡萄种植与酿酒者在他们的领地定居，并且在他们的城市进行葡萄酒贸易。建立一个新葡萄园是一项劳动密集型工作，成本高昂，需要在山坡上挖掘梯田，种植成直角以捕捉阳光，等待三年让植物生长，并需要不断修剪和护理。大领主和修道院最有可能成为成功的葡萄酒生产者，而农民只有在付钱后，才能使用领主的榨酒机。

相比我们今天喝的葡萄酒，当时的葡萄酒可能是一种更酸更淡的饮料，偶尔会加上蜂蜜、胡椒或肉桂的味道。富人可以享用塞浦路斯和加沙的美酒，但修道院、宫廷和城市中记录的饮酒习惯，却选择年份更短的葡萄酒，并且大量饮用。热情好客的富人会展示葡萄酒，在佳肴中使用葡萄酒，每个堂区教堂也有义务在其首要仪式弥撒中使用葡萄酒。

公元7世纪和8世纪，人们将重型犁引入中欧和北欧的大部分地区。通常情况下，由马牵着犁——虽然在英国是牛拉犁，并且一直到现代仍然如此——每张犁都配有一个能有效控制的项圈，并由金属马蹄支撑。这张犁能够在翻耕和破土的同时深入土壤。这样的准备工作特别有利于斯佩尔特小麦的生长，尤其是在东北地区；即使在贫瘠的土壤和凉爽的温度下生长的燕麦和大麦，只要种植得深，就是非常有用的马饲料。随着经济的商业化，马也相应成为有用的驮畜，人们用马耙地，也用它们将农产品运往市场。

这些创新解释了人口是如何增长的，就像9世纪以来一些地区的人口增长一样，10世纪以来更是如此。尽管产量与现代农业的产量相比微不足道，但人类和牲畜还是有更多的食物可食用。对粮食安全供应的预期，使一些人可以选择远离土地的工作，或从事农村地区的专业职业：铁器生产、木炭制造或地产管理。这也意味着农民能够花更多的时间改善他们社区的住房、道路和排水系统。

在我们所研究的时代初期，根据季节的不同，在树林里猎取动物作为食物和兽皮，在溪流中捕鱼，提供了大量的食物。但随着时间的推移，领主——国王、修道院院长或骑士——对资源进行了更为侵入式的管理，这些资源受到更为严格的控制。在北欧很容易获得用于建房的木材，但越来越多地作为一种资源受到管理人员的监管，并为获得最高的商业回报而进行开发。

大多数地产由两部分组成：一部分是地主直接耕种的优质土地即直领地（*demesne*），其余部分则分给农奴。敞田按照条田耕种，一份持有地通常由几块这样的条田组成，因为每块条田的质量和距离都不同，这样能确保公平分配。村庄共同体制定村规，目的是确保成员相互支持：他们通常为寡妇和穷人保留拾落穗权，并免费提供食物。领主努力从农业耕作中获得更高的收入，因此他们的利益既可以与农奴的利益一致，也可以与农奴的利益对立。在约克郡的林地和波河河谷沼泽地中，领主投资了一个清理和扩展耕地的项目，农奴在清理后的土地上定居。类似地，用于保护牲畜和人的围栏和防御工事也是由领主发起，由农奴和劳动者通过辛勤劳动实现。

领主权和法律地位塑造了乡村。在伊比利亚和意大利，存在着分成种植的制度，这种制度给农民带来了很沉重的经济负担，但并不意味着失去自由。从10世纪意大利北部和中部的特许状中，我们可以看出，这种制度通常存在于农民和教会机构之间。在英格兰北部和东部，以及新开拓的波美拉尼亚和利沃尼亚，有许多自由人。在商业化程度更高的地区，农奴应得的东西通常被折算为现金支付，这些意味着农民必须参与到产品或某些家庭劳动的交换中，以便赚取货币。到我们所研究的时代结束时，西欧的农奴关系变得更加松散，许多农民和领主签订了定期协议。但中欧和东欧的情况正好相反。

不仅当地人口需要农产品，聚集了大量富人的城市和宫廷等也需要。巴黎腹地法兰西岛的葡萄酒和动物，几乎只在首都销售。到了公元1300年，为满足伦敦市场的需求，英格兰南部的一些地区开始照管林地，饲养牲畜与种植蔬菜。大约在那个时候，贵族、主教和修道院院长投资城市住宅：克吕尼修道院院长在巴黎的行宫成为现在的法国国立中世纪博物馆，而坎特伯雷大主教在伦敦的住所成为泰晤士河南岸的兰贝斯宫。

黑死病的降临带来了灾难，导致粮食需求崩溃，之后领主们选择放弃耕地，开发其他资源：捕鱼、采矿和种植大麻。这一变化极大地影响了高地地区，领主们在威尔士、加泰罗尼亚、法国中央高地、亚平宁山脉和比利牛斯山脉进行新的投资。这种变化往往会带来更密集的围栏和圈地，是对乡村共同体的伤害。

林　地

在繁忙而多样的农业经济中，农田中的粮食生产只是其中一部分。对于人类和动物来说，耕地和林地结合起来，共同创造了可持续的栖息地。虽然人们经常把林地想象成密集而黑暗之地，但这种想象只在斯堪的纳维亚半岛和欧洲东北部的部分地区，而大部分林地是充满活力且嘈杂的。男女老少都会不断采集下层灌木、蕨类植物、荆豆和掉落的树枝，用来取暖和烹饪，或用来制作茅屋顶、围栏、篮子或建房。我们应该将林地想象为由空地点缀着的土地，并且经常与其他耕作形式共存。林地需要许多管理：剪枝助长，将树木培育到建筑所需的大小。大教堂的屋顶就展现了精心管理的木材所能产生的木材的强度和大小。

几个世纪以来，学者们一直认为，随着罗马帝国统治的衰落，欧洲向“森林”回归并屈服于它。这与我们在上文讨论过的观点很吻合，即公元400年至公元600年是一个衰落和损耗的时期。然而现在考古学和历史植物学的合作，绘制了一幅有细微差别的画面。随着国家对用于建筑和公共工程木材需求量的减少，木材的管理和使用主体发生了转变，有时这种转变是在立法者的协助下进行的，主体从地方共同体变成了以维持生计为目标的企业。由于城市居民对食物的需求下降，经许可后，一些耕地可以变为林地。同样，当国家支持的矿山停止开采时，如托斯卡纳的马雷马，树木可以在旧矿坑中生长成为林地。在意大利大部分地区，人们引进了栗树，这是一种用途颇多的树：既是优良的建筑材料，又是优质的烧炭木材，还能结出可供食用的果实，果实也可以制成面包粉。它和苹果、梨、核桃一起被称为人类营养的核心。

在欧洲各地，与林地的关系以不同的速度发展。大约在公元600年，亚平宁的普拉托·斯皮拉村的村民为了种植草料而砍伐森林。由于冬天大雪会覆盖这片高地上的树林，因此他们只能在春天和夏天利用清理出来的土地放牧。用火清理树林速度很快，但也很危险且浪费资源。因此公元840年，国王洛泰尔一世在其法令汇编中禁止森林纵火，并且威胁要用拷打和羞辱性剃头的方式来惩罚纵火者。用斧头清理林地虽然速度较慢，但更安全。

在林区也存在着工业，包括木炭制造和金属加工。家用壁炉中燃烧不完全或不安全的木材，如单宁酸含量高的栗子，就被转化为木炭。铁匠们利用木炭烧出锻造金属制品所需要的高温；直到后来的几个世纪，铁匠铺才成为乡村定居点的一部分。在城市，人们认为木炭比树枝和柴火更安全，所以对木炭的需求尤为高涨。领主的关系网影响了依靠林地为生的群体的生存能力：通常情况下，坎帕尼亚的栗子林有800到1 000棵树，但按照协议要求，人们必须将栗子产量的三分之一交给林地所有者。

正如我们所见，随着公元1000年后人口的增长，粮食需求量也逐渐升高。由于需要养活更多的城市人口，领主重新评估林地的面积。林地受到的管制越来越多，到了公元1200年，大片林地已经处于法律的管辖之下，它们与森林分开来，只供领主使用。国王、修道院和世俗领主都努力管理他们的林地，他们的努力催生出一个由林务员、森林管理员和护林官组成的庞大官僚体系。

到了公元1300年，有一群“水域和森林的管理者”（*maîtres des eaux et forêts*）侍奉法国国王。

林地环境的管理注重可持续性和商业利润。它还为休闲和娱乐留出了空间，包括贵族及其随从选择的消遣方式——狩猎运动。打猎和诱捕是清除庄园内狐狸和野兽的常规活动，但带着鹰和狗一起打猎则是富人和有闲人的特权。训练猎鹰并用它行猎需要长期的训练和专业知识，从威尔士到马略卡，欧洲各地的研究文章都在讨论这件事。这些鹰很稀有；先由条顿骑士捕猎，经过他们的训练，最后出售给欧洲的贵族家庭。

然而总有一些处于边缘地带的林地没有受到行政管理和体育活动的影响。这些地方经常出现在人们的想象中，在许多地方也吸引了另一种社会活动领域。那些描述遭遇野兽或神奇人物的故事，可能不完全是虚构的。森林是熊、狼、狐狸和野猫的家园。怀孕的母马会住在森林里，并留在那里喂养小马驹。这片森林吸引了那些想脱离尘世追求隐居的人，也吸引了那些想要逃脱法网的人。欧洲人最喜爱的英雄人物之一罗宾汉，就被想象成在舍伍德森林里避难。

水和水道

水对生活的方方面面都至关重要：饮水、食品、工业和卫生。在古罗马各省，人们仍然受益于与供水有关的公共工程：渡槽、浴缸、管道和运河。一般情况下，教堂的入口庭院即中庭（*atria*）都会有喷泉，这具有丰富的象征意义，代表着生命和纯洁，很受欢迎。溪流为人们提供洗涤用水，但生活用水供应通常是为城市和大宅设计的。与生活中的许多领域一样，在我们所研究的时代的早期，这些传统是由主教和公职人员在维护：教宗哈德良一世（700—795）维护了罗马水道；一个世纪后，勒芒主教仍然在维护本城市的水道。在保持水质方面，正如在家用物质文化的其他方面一样，修道院起到了带头作用：兰斯的里戈贝尔主教（公元743年去世）为大教堂的咏礼司铎提供管道水；大约在公元1000年，佛兰芒人的库特维克村里，每家每户都有自己的水井。洗澡并不常见，但人们经常洗脸和洗手。到了12世纪，在开发生活用水方面，熙笃会修道院走在了前列：该修会有一个特点，即修道院总是坐落在河边，在流动的水面上修建厕所，污水就从其中排出。他们还推广使用水力研磨谷物和缩绒（用木槌敲打羊毛服装）。

河流很好地服务了欧洲。从北到南，从东到西，欧洲由河流相连，货物和人员可以在河流上轻松通行。波罗的海的谷物既为佛兰芒市民提供食物，又沿着维斯图拉河一路前进，内河港和海港之间形成了联系，如诺里奇和雅茅斯，这两个中心都得以繁荣。每一座大城市都有河流流经，想想巴黎、伦敦、科隆和罗马。许多桥梁建在罗马的地基上，比如佛罗伦萨的维基奥桥，还有更新的建筑，如有时被洪水冲走的用木头建造的屠宰场。城市的桥梁建筑项目往往是由统治者发起的，比如1357年开始修建的布拉格查尔斯桥，这些项目很有名望。

河流也存在着危险。在9世纪和10世纪，维京人顺着欧洲东部和西部的河流，渗透到英格兰、法国、波罗的海地区，并深入现代乌克兰。任何入侵者，如百年战争时期的英军，都可以轻易地从海岸登陆，兵临巴黎。河流会定期泛滥；公元1194年多瑙河泛滥，这对奥地利的民众和牲畜来说都是一场灾难。人们跌跌撞撞地掉进河里，就像15世纪英格兰手稿中描绘的那个男孩，被一群奶牛赶到泰晤士河里。在英格兰东部和低地国家，人们精心安排防洪和灌溉渠道的责任。随着德意志北部和波兰新定居点的发展，这种佛兰芒人的专业知识也在那里得到了应用。

在乡村，领主管辖河流的进入权及其资源：有些河段是私人的，仅供领主及其家族使用，另一些河段则向其依附佃户开放。在河里捕鱼是一些人的生计和维持生活的方式，但也是一项生意。捕鱼权作为一种资源由统治者管理：伦巴第国王德西迪里厄斯（公元786年去世）将捕鱼权赐给了他的宠臣；公元798年，加洛林王朝的官员保护了法尔法（意大利中部地区）修道院修士的捕鱼权；10世纪帕维亚的一个渔民协会为自身的权利与国王谈判。

一些鱼会在海洋和河流之间游弋，比如鲑鱼，领主们就在关键河段设下网状堰捕捞它们。这个季节也和基督教历很合拍：在大斋节以及一整年的每个星期五，基督徒都不吃肉。还有来自大海的意想不到的礼物。写于13世纪的《拉克斯峡谷萨迦》将冰岛与赫布里底群岛对比，用赞扬的笔调描述冰岛的生活：那里有很多搁浅的鲸鱼，一头独角鲸可以让一家人度过整个冬天，而且那里有大量的鱼，尤其是鲑鱼。

第六章

“他者”的“中世纪”

河流、道路和海岸线等交通体系以及日益普及的基督教文化，加强了欧洲的凝聚力。基督教文化的存在影响了景观——远道而来的游客会看到大教堂，尤其在北欧，高耸的哥特式建筑一度很流行；在欧洲的道路上，有穿着长袍或拴着忏悔链的人；宗教游行的歌声和摇铃声也是一种声音景观；甚至城市的气味也如此（大斋节期间，城市街道上没有烤肉的气味）。

欧洲的身份认同取决于它拒绝了什么，同样也取决于它确立了什么。因此恐惧和焦虑、仇恨和厌恶的对象，共同构成了这段历史的一部分。通过救赎说，基督教教义提供了希望的讯息，提供了一条通往救赎的道路。那些游离于基督教主体之外的人，注定要生活在罪恶中，这对他们自己和他人来说，都是一种威胁。加洛林王朝神学家和廷臣赫拉巴努斯·莫吕（约780—856）将异教神描述为恶魔，而恶魔甚至会“说服人们建造神庙……为他们筑坛，为他们倾倒牲畜和人的鲜血”。在基督教化的过程中，曾经的社会习俗被取代，但也有部分得到接纳。皈依后的第一代人常常追求异教形式与基督教仪式的共存。

匈牙利领袖盖佐（公元997年去世）于公元972年皈依基督

教，并强迫其民众同样皈依，但他也继续“向全能的神和各种虚假的神献祭”。正如我们所见，从公元1000年起，他的儿子斯蒂芬（公元1038年去世）开始统治匈牙利，因为他忠诚于基督教和圣母马利亚，教会将其尊为圣徒。

在欧洲的大部分地区，在我们所研究的时代的一段时间内，基督徒与非基督徒处于战争状态。群体间的差异在亲属关系模式或饮食服饰习俗方面——一夫多妻制、食用禁忌食品——显而易见，再结合暴力冲突，产生了强烈的“他者”意识。诗歌、绘画、专题论文和编年史中都记录着这种观念。曾在巴黎接受教育的威尔士神父杰拉德（约1146—约1223）写作了四部作品，讲述了看似野蛮而难以理解的爱尔兰人和威尔士人在文明的盎格鲁-诺曼政体边界的陌生感。

基督教和伊斯兰教之间的冲突在英雄史诗中得到了有力的表现，这部史诗可能与它描述的公元778年比利牛斯山脉隆塞沃战役一样古老，这就是我们所熟知的12世纪的手稿《罗兰之歌》。在《罗兰之歌》中，查理大帝和他的手下面对不同类型的穆斯林——勇敢的穆斯林埃米尔、睿智的顾问和皈依基督教的女性——常常做出鲁莽但勇敢的壮举。边境民谣和奇迹故事的文学传统利用了基督教和穆斯林军事对抗的主题，直到15世纪以及1492年最后一个穆斯林据点格拉纳达陷落，才告一段落。

然而并不是只有在边境或者在军事对抗中，才能体会到他者性。一位巴黎编年史家描述了公元1427年巴黎北部圣但尼集市期间一群黑皮肤、黑头发、极度贫困的家庭的到来。这是第一个关于起源于古吉拉特邦游牧群体的记载，人们对他们有多种称呼，如吉卜赛人、埃及人、波希米亚人或吉坦人（*gitanes*）。

在欧洲，基督徒和犹太人之间有着古老而又复杂的联系。犹太人生活的基础是《旧约》，这也是基督教的神圣文本。4世纪末，圣热罗尼莫（约347—420）将这些希伯来语文本翻译成拉丁语，为基督徒提供了关于基督教历史的预言：亚伯拉罕献祭以撒，预示了耶稣死在十字架上，而燃烧的灌木丛是圣母马利亚贞洁形象的基础。奥古斯丁将圣典视为犹太人和基督徒之间的纽带，并主张宽容帝国内的犹太人，让他们见证最终基督教的真理和未来的皈依。

犹太人生活在罗马城市中，见证了基督教的兴起。当蛮族统治者为他们的基督教王国颁布法典时，他们有时会加入关于犹太人的条款。在西班牙，西哥特统治者对犹太人的态度已然成为王朝政治的一部分。公元589年，雷卡雷德容忍犹太人的存在，但他的继任者西塞布特对犹太人的劳动和生计实行了严厉的经济限制。公元681年，国王雷克斯文思要求犹太人皈依基督教，否则就会被流放："无论是谁，都要剃光头，挨一百下鞭子，并支付流放所需的费用。他的财产将移交给国王。"几十年后，随着穆斯林征服伊比利亚，他们对犹太人和基督教徒相对宽容，废除了这项立法。

到了公元1000年，经济和城市的发展吸引了来自南欧的犹太人，他们沿罗讷河和莱茵河定居。在那里，他们从事农业或成为工匠，或成为金属和纺织工人。在这几百年里，在激烈地进行着神学辩论的学术中心，人们对犹太人有了新的思考方式。随着基督教机构野心的增长和影响力的扩大，哪些人游离于基督教社会（*societas christiana*）之外，已经变得越来越明显。公元1096年春天，武装朝圣者在前往耶路撒冷"解放"基督墓的途中，经过莱茵兰地区的城市，他们认为犹太人是"弑基督者"，因此朝圣者屠杀了数百名犹太人。

在许多新的修道院和大教堂学校里，人们对基督教的基本概念进行辩论：日后的坎特伯雷大主教安塞尔姆修士问道："上帝何以化身为人？"（为什么道成肉身是必要的？）法国北部图尔奈主教康布雷的奥多（1050—1113）问道："圣母马利亚会受到原罪的影响吗？"特立独行的巴黎哲学教师皮埃尔·阿贝拉尔（1079—1142）问道："在判断人类行为时，意图的作用是什么？"对于那些深刻思考基督教的人来说，犹太人是一群专门的辩论对象：他们精通《圣经》，但能抵抗基督教的吸引力。

犹太人否认道成肉身，拒绝童贞女生子的概念，将三位一体的信仰视为偶像崇拜的一种形式，并对水、面包和酒的神圣力量感到困惑，因此这样的辩论导致基督徒和犹太人之间的论战。人们激烈地争论着犹太人的观点，有时甚至觉得他们与穆斯林和异教徒一样。克吕尼修士尊者彼得（约1092—1156）写作了相关作品，批评犹太人、穆斯林和瓦勒度派异教徒；我们已经讨论过彼得·阿方西，他敌视穆斯林和犹太人。

在知识领域之外，王室和贵族宫廷以及官僚们也对犹太人进行了思考。对犹太人及其家属独特的法律和经济控制，使得王朝从中受益。在欧洲的大部分地区，统治者鼓励犹太人提供信贷和抵押贷款。在公元1244年的一份宪章中，奥地利腓特烈公爵保证犹太人的一项权利：他们有权获得未及时偿还者的抵押品，并做出承诺，要为犹太人捍卫此类抵押，以“反对暴力”。在英格兰和法国，国王把犹太人置于郡守和总督的保护下，这样犹太人发达了，相应地，国王也能分享他们的利益。

国王也有其他考虑，可能会屈从其他影响：有影响力的大贵族抱怨他们欠了犹太人的债，希望将犹太人驱逐出国，甚至采取更残暴的手段；或者从13世纪初开始，教会的新分支也对国王施加了压力，如充满活力的方济各会和多明我会。这些传教士通过重述耶稣受难的戏剧故事，激发平信徒的宗教献身精神。这种参与式的虔诚使犹太人成为“弑”上帝者，也成为当代基督徒的敌人。人们发明了新的叙事，指控犹太人谋杀儿童并亵渎基督教圣物。在圣周期间，由于频繁的布道与公众游行和宗教戏剧，人们的感受尤其强烈。

托钵修士通常是王室的私人神父和忏悔神父，他们会游说国王，国王也有维护其领地法律和秩序的愿望，同时从犹太人提供的服务中获益，因此国王经常在这两者之间摇摆不定。相应地，犹太领导者会恳求国王，提供礼物作为甜头，以避免遭受驱逐或虐待。因此不同的统治者对犹太人的政策大不相同，主要取决于统治者的性格和他们面临的挑战：英格兰国王亨利三世曾经非常积极地试图改变犹太人的信仰，但公元1290年，他的儿子爱德华一世屈服于骑士和教士的压力，将犹太人驱逐出英格兰。公元1304年，犹太人被驱逐出法国，后来又返回，并于公元1394年再次遭到驱逐。阿拉贡国王佩德罗四世（1319—1387）保护犹太人共同体，这为他的地中海战争提供了资金；而在14世纪70年代，有人对犹太人提出了毫无根据的亵渎圣礼指控，他的儿子胡安（1350—1396）却支持这一指控。

在黑死病期间，有人指控犹太人在井中投毒，此后驱逐行为更频繁了。在14世纪和15世纪，犹太人的定居点不断迁移，其轨迹与政治避难和经济机会相关，从西欧向东流动，在波希米亚、波兰-立陶宛建立了大的社区。公元1492年，西班牙驱逐犹太人的世纪结束，正是在这个世纪里，发生了欧洲犹太人状况最戏剧性的变化。14世纪90年代，伊比利亚城市的暴力导致10多万犹太人大规模皈依。这些“新”基督教徒诞生于洗礼之水，然而基督教徒却避免与“新”基督教家庭结婚，仍然对这种“皈依”怀有疑虑。局势十分紧张，据称一些皈依的教徒仍然秘密地同情他们祖先的信仰，卡斯蒂利亚的国王们建立了自己的地方宗教法庭，负责调查这些“皈依”的教徒。这种不信任的断层变得十分尖锐，因此卡斯蒂利亚和阿拉贡联合王国的天主教君主费尔南多和伊莎贝拉下令将犹太人驱逐出王国。

就这样引起了一次全球大流散。奥斯曼帝国的统治者收留了西班牙的犹太人，将他们安置到北非酋长国和意大利城市定居。他们保留了西班牙犹太人的语言——拉迪诺语（*ladino*）——它很快成为全球通用的欧洲方言。几十年后，穆斯林皈依者即摩里斯科人也被驱逐出境。

在那些犹太人少的地区如斯堪的纳维亚半岛，或那些将犹太人驱逐出境的国家如公元1290年后的英格兰，即使犹太人已经不复存在，他们仍然出现在欧洲人的想象中：出现在对耶稣及其母亲生活的叙述中；更重要的是，出现在耶稣受难的描绘中。在每一次基督教仪式上都有《希伯来圣经》，通过《诗篇》引导基督徒经历快乐和苦难。欧洲与其最亲密的相邻“他者”之间的关系，是一种仇恨、恐惧和迷恋的结合，这是它的特征。

第七章

日常生活中的“中世纪”

在抵达旅程的终点时，让我们一起思考一些我们视为理所当然的“中世纪”遗产。

大　学

正如我们所见，在大教堂、宫廷、修道院和城市学校中，学习内容广泛多样，这在很大程度上要归功于罗马的人文课程。修辞学、逻辑和语法、算术、几何学、音乐和天文学的综合研究，为理解和描述世界与世事提供了基础。大教堂的学校以及个别教师都吸引了学生。在皇帝、国王和教宗们的支持下，12世纪见证了研究中心的进一步专业化。

那时所有的意大利城市都有培养公证人的学校。至少从11世纪开始，帕多瓦、萨莱诺和博洛尼亚的学校就已经开始提供医学和法律方面的专业培训。好的学校吸引了远道而来的学生，他们的需求激发了“大学”形式的发展。公元1155年，腓特烈·巴巴罗萨皇帝授予博洛尼亚的学校一系列特权，由此这些学校成为“大学”。这些特权允许学生——主要是外国学生，他们希望确保自己学习期间的安全和学费物有所值——组建一个勉强算是行会的组织。这一特许组织监督教学时间和教学质量，决定教学报酬水准。

巴黎大学诞生的方式有所不同。自12世纪初，法兰西王国首都的圣母院大教堂逐步成为著名的人文学校。在距离它不远的塞纳河左岸，有着许多重要的学校，它们吸引了来自欧洲各地的名师和大批学生。最著名的是皮埃尔·阿贝拉尔，他完善了我们称之为辩证法的方法：通过正式讨论对立的两面，来分析探讨哲学命题。学术环境卓有成效，法兰西王国王室的雄心壮志也是如此：像贸易促进发展一样，他们通过学校提升首都的地位。法王腓力二世（1165—1223）授权创建一个大学，即一个有权管理学生生活的教师行会。公元1231年，教宗认可巴黎大学，并确立该大学为"一切知识的父母"（*parens scientiarum*），这个世纪后期，一位传教士将巴黎描述为"一座磨坊，其中上帝的所有小麦都磨成了全世界的营养之源"。巴黎大学最出名的首先是人文学位，通过讲座和辩证性辩论传授基础文本，然后是它在神学上的卓越地位。因此巴黎吸引了来自欧洲各地的学生，他们不同的生活方式和彼此的竞争，导致大学组织分成四个群体：法兰西人（法兰西中部和南部以及伊比利亚）、皮卡第人（法兰西北部和佛兰德）、英格兰人（英格兰、德意志和斯堪的纳维亚）和诺曼人（包括布列塔尼）。

英格兰的许多城市自11世纪起就有了学校，但为了获得最好的高等教育，12世纪的英格兰学生都蜂拥到巴黎。公元1167年，亨利二世禁止英格兰学生在巴黎学习，此后许多英格兰、苏格兰和其他北方地区的学生在牛津的学校定居，公元1209年起，开始有学生在剑桥定居。几十年后，经教宗训令批准，两地的学校都成为大学。

得到认可的大学不仅可以颁发学位，还可以提供教学许可证，让教师在欧洲的任何地方任教。大学提供医学、教会法（基督教教规）和民法（罗马法）方面的最高水平培训，直到博士等级。经过训练的人成为国家和城市的官员：外交官、法官、税务员、教会主教，甚至教宗等高级教士。在这里，我们再次见证了这样一种机构：它在很大程度上依赖于城市生活和教育的悠久传统，其基础课程依赖于古典学的知识。

几千名学生的到来，使大学所在的城镇活跃起来，他们需要住宿、食物和书籍。学生们住的宿舍可能由私人经营，也可能由隐修士或托钵修士所在的修道院经营。13世纪末，人们在巴黎人发明的基础上改良，出现了大学学院。起初学院是一个慈善机构，资助贫困学生获得更高的学位。每所学院都由创始人捐赠，有图书馆、餐厅、宿舍和小礼拜堂。学者社团一起学习、吃饭、祈祷，甚至常常一起做出越轨行为。这些学院中最著名的是剑桥的国王学院，它在公元1441年由亨利六世创办，目的是培训王室小礼拜堂的人员。学院举世闻名的唱诗班仍然常驻小礼拜堂，这是一座宏伟的建筑，怀着感激之心的学者们在这里为他们恩主的灵魂祈祷。

从14世纪中期开始，国家行政部门对训练有素人才的需求与大学的位置和规模之间的联系变得更加明确。资助学术会带来声望，这种声望与需求结合起来。因此公元1348年，查理四世皇帝（1316—1378）创立了布拉格大学；公元1364年，波兰国王卡齐米尔三世（1310—1370）创立了克拉科夫大学。君主们纷纷效仿，建立为自己地区服务的大学：米兰的统治者加莱亚佐二世·维斯孔蒂（约1320—1378）于公元1361年创立了帕维亚大学；公元1472年，洛伦佐·德·美第奇组织佛罗伦萨大学迁至比萨。

在南欧，大学是市民和专业团体，由宗教和世俗人士组成，而在北欧，大学则是教会机构。在北方的大学里，学生和教师都是神职人员，教宗试图控制教学内容，偶尔还会以审查员的身份介入教学。即使是古典作品也可能受到影响：公元1210年，教会裁决亚里士多德的一些科学著作有罪，而在13世纪70年代，当人们正遭受着异端调查的痛苦时，教会试图禁止某些论题，比如“上帝只了解自身”。但是与大多数侵犯学术自由的举措一样，最后这些尝试都没能成功实施。事实上，正是萨克森维滕贝格的新大学（成立于1502年）传播了马丁·路德（1483—1546）对基督教的新诠释，引发了欧洲宗教生活的重大变革。

大学教学以讲座的形式进行，教授们评论核心文本：几何学、修辞学、哲学或神学。手稿上的插图显示，当时的教室也是有层级的，很像一个现代演讲厅，教室里坐着一排热心记笔记的人，旁边是无聊的或沉浸于聊天的学生。和现在一样，毕业生会获得文学学士的学位，而那些巴黎大学或牛津大学的毕业生，有望谋到一个堂区职位、教学或家庭教师的工作、王室管理职位，或者服务于市议会。他们的技能是沟通和记录：起草信件、保存官方档案或撰写布道词。少数人继续攻读法律、神学或医学等更高级学位，得到高级学位之后，他们可以担任高级教士、私人医生、王室或王子的随从。能否取得职位取决于资助人，一些毕业生需要等待数年才能获得一个永久职位。毕业生也会运作校友网络，创造途径进入朋友或亲戚已经涉足的职业。那时和现在一样，大学期间也是刻苦学习和纵情欢愉的时期。音乐和暴力，性体验和讽刺，正是以大学为源头混合而生的。学生们似乎常年贫困，于是他们学会了用令人心碎的文字给朋友和赞助人写信，寻求他们的资助。他们经常喝酒，也经常唱歌。

在大学里，学术文化和青年文化相遇。在成长阶段建立起来的友谊，对男人来说受益终身。文学学士都受过统一的基础拉丁语训练，这意味着全欧洲受过教育的男性不仅共享专业语言，还共享知识习惯和工具。这些将非常实用：一种熟悉的写信方式，一些家喻户晓的受欢迎的古代道德寓言，或者处理问题和寻求解决办法的方式。这种一致性是19世纪受过良好教育的人的特点。一旦女性和其他弱势群体进入高等教育，一旦20世纪的民主政治对大学课程结构提出质疑，一旦科学教学的要求改变了师生关系，传统必然会转变。事实上在大多数现代大学中，传统已经改变，但并非面目全非。

大学促使一些年轻人离开自己的家乡，过着贫困的生活，做着抄写员、秘书、神父等零工。学生们获益于技能和人际关系，因为在各类职业中，它们具有高度的可转移性和实用性。要成为一名学生，他们需要一位赞助人的支持——当地的主教、他们出生庄园的领主，或者一位富裕的亲戚——但许多学生都很穷，不确定自己未来的前景。社会上最杰出的人并没有送他们的儿子上大学，然而大学里却充满了聪明活泼的年轻人。即使是一两年后辍学的学生也接受了足够的训练，足以谋生。这些学习机构孕育的青年文化，以及它们提供社会流动的可能性，并没有改变。

印刷书籍

尽管现在我们大部分阅读是在屏幕上完成的，但我们仍然热爱书籍，并且无疑会继续爱下去。在我们讨论的时代，书籍开本是最杰出的发明之一。古代世界使用泥版和易于擦除的蜡版表面刻字。古希腊罗马人也使用耐用的软质材料制成的卷轴，如干燥地中海地区的纸莎草。但是抄本——可以翻页的书籍——是一项与基督教传播有特殊关系的发明。

书开始代表基督教，一种以《旧约》和《新约》为基础的宗教。在基督教传统中，人们习惯以手持书的形象来表现基督教的核心人物：福音传道者——马可、马太、路加和约翰——或教父奥古斯丁。在保存和使用《圣经》、礼拜和私人奉献中，越来越多地使用书籍形式。在皈依时，教会给统治者提供一些珍贵的礼物即福音书，比如华丽的《圣奥古斯丁福音书》，这就与从罗马派往英格兰的传教有关。

书籍不仅有用，也充满象征意义。公元1000年之前，绝大部分书籍都在修道院和大教堂的图书馆以及宫廷中。但宫廷通常是巡回的，一年四季在不同的地点之间往返，因此人们把重要的书籍放在箱子里运输，由神父看管。这些书得到保护和尊敬，有着象牙、贵金属或皮革制成的昂贵封面，通常镶嵌有宝石和珍珠。在修道院食堂吃饭时，在贵族的大厅聚会时，私人小礼拜堂的神父会放声朗读书籍的内容。即使到了我们所研究的时代末期，书籍也很稀少，而中世纪印刷术的发明，将永远使书籍变得普遍、可见和可及。

那些与宗教有关的书，或与富人和有闲人的娱乐有关的书籍，往往装饰得很奢华。13世纪的圣母马利亚的奇迹手稿，正是应卡斯蒂利亚国王阿方索十世（1221—1284）的要求制作的，优雅的加利西亚语的韵文刻在书页上，书页上还装饰着大量的文字配图以及唱诗的注释。现存的数千本以工作为导向的书籍，则远远没有这么华丽：大学教科书，堂区神父的教牧关怀手册，或有关法律与医学的书，以及在用的《圣经》。这些书通常用较小的字体抄写，有时是潦草的连笔字体，没有任何装饰。这些与工作有关的书，特别是从13世纪开始，通常附有索引和主题检索体系，直到今天我们仍然很欣赏这种体系。他们将章节题目处的颜色标记——称为标题，通常用红色墨水标记——与页边空白处排列的注释和评注结合起来。观察这些辅助形式，并思考它们如何被数字化后转到我们的屏幕上，这些都很有趣。

制作书籍很费劲，羊皮纸和墨水也很昂贵——约公元1300年，一本小部头《圣经》需要使用35张动物皮——因此只有少数社会和专业团体才有可能拥有它们。书籍非常珍贵，书的主人甚至会立遗嘱将它们遗赠，在家族中代代相传。当书籍包含彩饰和绘画时，它们会特别昂贵，许多宗教书籍也是如此。专业宗教人士和有学问的世俗大众对书籍的需求，促使工匠们研发出高效的复制方法。银匠是贵金属雕刻方面的专家，在这条路上他们引领潮流。约翰·古腾堡（1395—1468）是美因茨市的一位金匠，也是一位企业家，他尝试了许多与当时宗教文化相关的创新项目。他发明的金属活字印刷具有非常重要的意义。公元1455年，他印刷了第一本《圣经》。

接下来的故事都是历史了。

歌　曲

在融合了拉丁语和本地语、宗教和世俗、北方和南方传统的基础上，两部创作于14世纪的雄心勃勃的诗集已经成为全世界文学的经典。它们都是诗人的眼光与我们正在研究的几个世纪以来积累的大量文学、神学、政治和科学知识相互作用的结果。两者都是满怀雄心的作品，都被认为是用本民族语言为文学表达媒介的完美成果，但丁·阿利吉耶里（约1265—1321）的《神曲》使用托斯卡纳语，而杰弗里·乔叟（约1343—1400）的《坎特伯雷故事集》使用英语。这两部诗歌都围绕着一段旅程展开：前者是但丁在诗人维吉尔的陪伴下，穿越地狱、炼狱进入天堂；在乔叟的作品中，则是一群朝圣者从萨瑟克前往坎特伯雷的圣托马斯·贝克特教堂。两者都以自己的方式深入思考人类的价值和脆弱，思考模范人物激励和提升他人的力量。

我们所研究的时代的诗人继承了好几种传统。从古代开始，他们继承了战争、爱情和权力的宏伟史诗传统，其中最伟大的是维吉尔的《埃涅阿斯纪》，每个接受拉丁语教育的孩子都知道这部史诗；《圣经》引导了赞美诗的丰富结构和意向，诗歌成为所有宗教人士和许多参加宗教活动的世俗大众的日常礼仪。在整个欧洲尤其是冰岛、爱尔兰和威尔士，口头诗歌的传统与古典和《圣经》的传统交织在一起。安达卢斯创造了一种精致的阿拉伯语诗歌文化，其声音和节奏反过来启发了犹大·哈列维（约1075—1141）的优秀希伯来诗歌，并影响了欧西坦语游吟诗人的音乐。史诗传统是用本地语言叙述英雄事迹，如《罗兰之歌》，并取悦贵族观众。

自12世纪初起，处于法兰西和西班牙之间的欧西坦尼亚为诗歌和歌曲奠定了基调，成为此后诗歌的借鉴对象。诗歌和音乐结合在一起，主题是爱。人类的情感、人类的思想和人类的声音，在游吟诗人的作品中汇聚，他们唱着充满痛苦和渴望的爱。在欧洲文化以及后来的世界文化中，欧洲情歌流传了约一千年。这些情歌的创作者有专业人士，也有业余爱好者；有男性有女性；不仅体现在书面，也活在表演中：歌手和歌曲，如迪伦和贝兹，男游吟诗人（*trubadour*）与女游吟诗人（*trobairitz*）。

与此同时，人们将欧洲的宗教知识从拉丁语翻译成本民族语言，丰富平信徒的生活。12世纪，英国修士用拉丁语精心编写了圣母马利亚的奇迹，在下个世纪，人们将它翻译成英格兰、普罗旺斯、卡斯蒂利亚和法兰西北部的语言，后来又翻译成冰岛语和匈牙利语，并改编成歌曲。

在法兰西南部的伯爵和公爵的宫廷中，在与穆斯林西班牙不断接触的地区，在一个充满战争、领主权和分裂的世界里，“渴望之歌”高超地融合了文字和音调。在稍晚时期的法兰西北部和英格兰，受过拉丁语教育的男性创作歌曲，表达对女性的尊崇和物化。这发展成宫廷爱情的文化风格，在这种文化中，女性是欲望的对象，受男性争夺：冷漠甚至残忍。在宫廷和歌曲的世界里，女性是情歌的主要赞助者和推动者。宫廷爱情是虚构的，充满了渴望，但它影响了男女之间的一些互动模式，包括求爱的礼仪和浪漫的方式。在现代文化的许多流派中，我们仍然能看到宫廷爱情的影子。

以不列颠人亚瑟王形象为中心的英雄故事，留下了丰富的遗产，并以各种语言传遍整个欧洲，而诗歌和歌曲与之紧密结合。诺曼人征服英格兰后，人们对英国的起源和种族有了更高的认识，在这片多民族的土地上，不列颠的传统被改写成历史。蒙茅斯的杰弗里（约1100—1155）以威尔士语和拉丁语的资料为基础，写作了《不列颠诸王史》，描述了从特洛伊战争后定居不列颠的特洛伊人到亚瑟王时代的复杂世系，创造了一种历史叙事。

宫廷启发了人们的生活方式、宗教和文化趋势，并影响了人们的礼仪。宫廷也是产生和展示奢侈品和文学作品的中心，尤其是那些适合朗诵和表演的诗歌，有时为了娱悦男女观众，也会进行演唱。宫廷内的人开始扮演亚瑟王传奇中的角色，模仿书中描述的斗争、社交、相思和性别角色。人们开始用亚瑟王传奇中的名人亚瑟、兰斯洛特、吉尼维尔的名字命名，并围绕他们设计格斗和庆祝活动。

几个世纪以来，这种欢愉只是欧洲精英的特权，但在20世纪，它激发了一个全球性的娱乐空间。中世纪浪漫的宫廷歌曲为全世界的青年提供了求爱、渴望和自我理解的语言。现今，宫廷歌曲还通过角色扮演、游戏、文学和电影填补了大量的想象空间。

现在，你们知道这是怎么一回事了吧！

译名对照表

A

Aachen, capital built by Charles the Great 亚琛，查理大帝建立的首都

Adalbert (d.981), St, missionary 圣阿达尔伯特，传教士（981 年去世）

Adelheid of Villich (*c*.970–1015), abbess 维利奇的阿德尔海德（约 970—1015），女修道院院长

Alcuin of York (*c*.735–804), scholar 约克的阿尔昆（约 735—804），学者

Alexios I Comnenos (1056–1118), Byzantine emperor 阿莱克修斯一世·科穆宁（1056—1118），拜占庭皇帝

Alfonso X the Wise, king of Castile (1221–1284)“智者”阿方索十世（1221—1284），卡斯蒂利亚国王

Alfred (849–899) the Great, king of Wessex 阿尔弗雷德大帝（849—899），威塞克斯国王

Ambrose (*c*.340–397), St, bishop and theologian 圣安布罗斯（约 340—397），主教和神学家

Anastasius (*c*.431–518), Emperor 阿纳斯塔修斯（约 431—518），皇帝

Anna Comnena (1083–1153), historian 安娜·科穆宁娜（1083—1153），历史学家

Anne of Bohemia (1366–1394), consort of Richard II, king of England 波希米亚的安妮（1366—1394），英格兰国王理查二世的配偶

Anselm (*c*. 1033–1109), monastic theologian and archbishop of Canterbury 安塞姆修士（约 1033—1109），修道院神学家和坎特伯雷大主教

Anthimus (*fl*.511–534), physician 安齐穆斯（全盛期 511—534），医生

Arthur, figure of king of the Britons 亚瑟王，不列颠人国王的形象

Augustine of Canterbury (d.*c*. 604) 坎特伯雷的奥古斯丁（约 604 年去世）

Augustine of Hippo (354–430), bishop and theologian 希波的奥古斯丁（354—430），主教和神学家

B

banking 银行业

Barbatus (*c*.610–682), St, hagiography 圣巴尔巴托斯（约 610—682），神圣化传记

Bathild (d.680), Frankish nun 巴蒂尔德（680 年去世），法兰克修女

Bede (673–735), historian 比德（673—735），历史学家

beer 啤酒
Beguines 贝居安会
Benedict of Nursia (*c.*480–*c.*547), abbot 努西亚的圣本笃（约480—约547），修道院院长
Benedictine monasticism 本笃会修道院
beneficium 采邑
Bernard of Clairvaux (1090–1153), monastic leader and theologian 克莱尔沃的贝尔纳（1090—1153），修道院领导者和神学家
Bernardino of Siena (1380–1444), preacher 锡耶纳的贝尔纳迪诺（1380—1444），传教士
Berno (*c.*850–927), St, abbot of Cluny 圣贝尔诺（约850—927），克吕尼修道院院长
Bertila (d.*c.*704), Frankish abbess 贝蒂拉（约704年去世），法兰克女修道院院长
Bible《圣经》
Black Death 黑死病
Bloch, Marc (1886–1944), historian 马克·布洛赫（1886—1944），历史学家
Boethius (*c.*480–524), statesman and scholar 波埃修斯（约480—524），政治家和学者
Bologna 博洛尼亚
Bonaventure (1221–1274), St, Franciscan theologian 圣波拿文都拉（1221—1274），方济各会神学家
Boniface (*c.*675–754), St, missionary 圣卜尼法斯（约675—754），传教士
Bridget of Sweden (1302–1373), St and monastic leader 瑞典的圣布里奇特（1302—1373），圣徒及教会领袖
Brigit of Kildare (*c.*451–525), St, monastic leader 基尔代尔的布里吉特（约451—525），教会领袖
brotherhoods (*confréries, hermandades, Bruderschaften*) 兄弟会

C

Caesarius of Arles (*c.*468–542), monastic leader 阿尔勒的凯撒留斯（约468—542），教会领袖
Caesarius of Heisterbach (1199–1240), monastic writer 海斯特巴赫的凯撒留斯（1199—1240），教会写作者
Cambridge 剑桥
capital cities 主要城市或首都
Carlyle, Thomas (1795–1881), historian 托马斯·卡莱尔（1795—1881），历史学家
Casimir I (1016–1058), king of Poland 卡齐米尔一世（1016—1058），波兰国王
Casimir III (1310–1370), king of Poland 卡齐米尔三世（1310—1370），波兰国王
Cassiodorus (*c.*485–*c.*585), statesman and scholar 卡西奥多（约485—约585），政治家和学者
Cathars 卡特里派
Catherine of Siena (1347–1380) 锡耶纳的凯瑟琳（1347—1380）
Chanson de Roland, epic poem in

French《罗兰之歌》,法语英雄史诗
Charles of Anjou (1226-1285), king of Sicily 安茹的查理（1226—1285）,西西里国王
Charles Martel (*c.*688-741), Frankish *maior domus* 查理·马特（约 688—741）,法兰克宫相
Charles the Great (Charlemagne) (*c.*742-814), king of the Franks 查理大帝（查理曼）（约 742—814）,法兰克国王
children 孩童
chivalry 骑士精神
Christopher Columbus (1450-1506), cartographer and seafarer 克里斯托弗·哥伦布（1450—1506）,制图员和航海家
Cistercian monastic movement 熙笃会修道院运动
Clovis (*c.*466-*c.*511), king of the Franks 克洛维（约 466—约 511）,法兰克国王
Cluny, Burgundy, centre of monastic order 克吕尼,勃艮第,教会秩序中心
cognomina, family surnames 家族姓氏
coinage 货币制度
Columba (d.597), St and hagiography 科伦巴（597 年去世）,圣徒和神圣化传记
Columbanus (543-615), St and Luxeuil 科伦巴努斯（543—615）,圣徒和吕克瑟伊
communes 政治实体
Constantine (272-337), Roman emperor 君士坦丁（272—337）,罗马皇帝
conversi, lay members of Cistercian houses 庶务修士,熙笃会修道院的世俗成员
crusades and crusaders 十字军东征和十字军
Cuenca, Castile 昆卡,卡斯蒂利亚
Cyril (d.869) and Methodius (d.885), brother missionaries 西里尔（869 年去世）和美多迪乌斯（885 年去世）,传教士兄弟

D

Damascus 大马士革
Dante Alighieri (*c.*1265-1321), poet, author of *The Divine Comedy* 但丁·阿利吉耶里（约 1265—1321）,诗人,《神曲》作者
De Staël, Madame (1766-1817), author 斯塔尔夫人（1766—1817）,作家
Decretum, canon law collection《教会法汇要》
demesne farming 耕种直领地
Desiderius (d.after 774), king of the Lombards 德西迪里厄斯（774 年后去世）,伦巴第国王
Dhuoda, Frankish author 多达,法兰克作家
Diocletian (245-311), Emperor 戴克里先（245—311）,皇帝
Dioscorides (*c.*40-*c.*90), author of *De materia medica* (*Materials of Medicine*) 狄奥斯科里迪斯（约 40—约 90）,《药理》的作者
Domesday Book《末日审判书》
Duccio di Buoninsegna (d.1319),

Sienese painter 杜乔·迪·博宁塞尼亚（1319 年去世），锡耶纳画家

E

Edward I (1239–1307), king of England 爱德华一世（1239—1307），英格兰国王
Einhard (*c.*775–840), scholar 埃因哈德（约 775—840），学者
Einsiedeln Itinerary, pilgrimage itinerary《艾恩西德尔之旅》，朝圣之旅
Elizabeth of Hungary (1207–1231), St 匈牙利的圣伊丽莎白（1207—1231）
excommunication 逐出教会

F

Ferdinand (II of Aragon) (1452–1516) and Isabella (of Castile) (1451–1504), Catholic monarchs 阿拉贡的费尔南多二世（1452—1516）和卡斯蒂利亚的伊莎贝拉（1451—1504），天主教君主
'feudal', the historical term "封建的"，历史学术语
fishing 渔业
Flavio Biondo (1392–1463), historian 弗拉维奥·比昂多（1392—1463），历史学家
flooding 洪灾
Floreta d'Ays, midwife 阿易斯的弗洛丽塔，助产士
Food 食物
Fountains, Yorkshire, Cistercian monastery 芳庭，约克郡，熙笃会修道院
Francis of Assisi (*c.*1181–1226) 阿西西的方济各（约 1181—1226）
Franciscan movement 方济各运动
Frederick I (1211–1246), duke of Austria 奥地利公爵腓特烈一世（1211—1246）
Frederick I Barbarossa (1122–1190), Holy Roman emperor 腓特烈一世·巴巴罗萨（1122—1190），神圣罗马帝国皇帝
Frederick II (1194–1250), Holy Roman emperor 腓特烈二世（1194—1250），神圣罗马帝国皇帝

G

Galeazzo II Visconti (*c.*1320–1378), duke of Milan 加莱亚佐二世·维斯孔蒂（约 1320—1378），米兰公爵
Gellért (980–1046), bishop 盖莱尔特（980—1046），主教
Genovefa (Geneviève) (*c.*419–*c.*512), St 圣格诺韦法（约 419—约 512）
Geoffrey Chaucer (*c.*1343–1400), poet, author of *The Canterbury Tales* 杰弗里·乔叟（约 1343—1400），诗人，《坎特伯雷故事集》作者
Geoffrey of Monmouth (*c.*1100–*c.*1155), author of *History of the Kings of Britain* 蒙茅斯的杰弗里（约 1100—约 1155），《不列颠诸王史》的作者
Gerald of Wales (*c.*1146–*c.*1223) 威尔士的杰拉德（约 1146—约 1223）
Gertrude of Nivelles (626–659), St, shrine 尼韦勒的圣格特鲁德（626—

659)，神殿
Géza (*c.*940–997), leader of Magyars 盖佐(约940—997)，马扎尔人领袖
Gibbon, Edward (1737–1794), author of *Decline and Fall of the Roman Empire* 爱德华·吉本(1737—1794)，《罗马帝国衰亡史》作者
Gilbert of Sempringham (*c.*1083–1190), St, monastic leader 森普林翰的圣吉尔伯特(约1083—1190)，教会领袖
Giorgio Vasari (1511–1574), painter and art historian 乔吉奥·瓦萨里(1511—1574)，画家和艺术史学者
Girolamo Savonarola (1452–1498), Florentine friar 吉罗拉莫·萨沃纳罗拉(1452—1498)，佛罗伦萨修士
Gisela (985–1065), consort of Stephen I of Hungary 吉塞拉(985—1065)，匈牙利的斯蒂芬一世的配偶
Gisla (757–810), Frankish abbess 吉斯拉(757—810)，法兰克女修道院院长
gitanes, gypsies 吉坦人，吉卜赛人
Guðrøðr Óláfsson (*c.*1124–1187), king of Manx and Hebrides 戈斯洛瑟·奥拉夫松(约1124—1187)，马恩岛和赫布里底群岛国王
Gothic, art and architecture 哥特式，艺术和建筑
Great Famine (1314–1317) 大饥荒(1314—1317)
Greenland 格陵兰岛
Gregory I (*c.*540–604), pope 格列高利一世(约540—604)，教宗
Gregory VII (*c.*1015–1085), monk and pope 格列高利七世(约1015—1085)，修士和教宗
Guifred, count of Urgel 吉弗雷德，乌赫尔伯爵

H

Hadrian I (700–795), pope 哈德良一世(700—795)，教宗
Hamburg 汉堡市
Hanse (Hanseatic League) 汉萨同盟
Hartmann von Aue (*c.*1165–*c.*1215), author of *Gregorius* 哈特曼·冯·奥厄(约1165—约1215)，《格列高利》作者
Haskins, Charles Homer (1870–1937), historian 查尔斯·霍默·哈斯金斯(1870—1937)，历史学家
Hathumoda, Saxon abbess 哈图莫达，撒克逊女修道院院长
Henry I (1068–1135), king of England, 亨利一世(1068—1135)，英格兰国王
Henry II (1133–1189), king of England 亨利二世(1133—1189)，英格兰国王
Henry III (1207–1272), king of England 亨利三世(1207—1272)，英格兰国王
Henry III (1017–1056), Holy Roman emperor 亨利三世(1017—1056)，神圣罗马帝国皇帝
Henry IV (1399–1413), king of England 亨利四世(1399—1413)，英格兰国王
Henry VI (1421–1471), king of England 亨利六世(1421—1471)，英格兰国王

Henry IV (1050–1106), Holy Roman emperor 亨利四世（1050—1106），神圣罗马帝国皇帝
Herrad of Landsberg, abbess and author of *Hortus deliciarum* (*The Garden of Delights*) (*c.*1130–1195) 兰茨贝格的赫拉德（约1130—1195），女修道院院长，《欢乐花园》作者
Hiddensee Treasure 希登塞宝藏
Hildegard of Bingen (1098–1179), abbess, scholar and musician 宾根的希尔德加德（1098—1179），女修道院院长，学者和音乐家
Holy Family 神圣家族
Hrabanus Maurus (*c.*780–856), Carolingian theologian 赫拉巴努斯·莫吕（约780—856），加洛林王朝神学家
Hrotswitha (935–*c.*1002), author 赫罗斯维塔（935—约1002），作家
humoural theory 体液理论
Hundred Years War 百年战争

I

Iceland 冰岛
Ida of Barking, abbess 巴金的艾达，女修道院院长
Incest 乱伦
Ingatestone, Essex 英盖特斯通，埃塞克斯
Ingi I Haraldsson (1135–1161), king of Norway 英吉·哈拉尔德松（1135—1161），挪威国王
Innocent III (1160–1216), pope 英诺森三世（1160—1216），教宗
Irene (752–803), Byzantine empress 伊琳娜（752—803），拜占庭女皇

J

Jan Hus (1369–1415), Bohemian theologian 扬·胡斯（1369—1415），波希米亚神学家
Jerusalem 耶路撒冷
Jews 犹太人
Jobbágiones 匈牙利奴隶
Johann Gutenberg (1395–1468), goldsmith and inventor of print 约翰·古腾堡（1395—1468），金匠和印刷发明者
John, king of England (1166–1216) 约翰（1166—1216），英格兰国王
Judah ha-Levi (*c.*1075–1141), Hebrew poet 犹大·哈列维（约1075—1141），希伯来诗人
Julian (330–363), Emperor 尤利安（330—363），皇帝
Justinian (*c.*482–565), Byzantine emperor 查士丁尼（约482—565），拜占庭皇帝

K

Kirkerup, Danish parish 基尔克鲁普，丹麦堂区
Kołbacz, Cistercian abbey, Pomerania 科巴茨，熙笃会修道院，波美拉尼亚

L

Land of Cokaigne “安乐乡”
Lateran Council IV (1215) 1215年第

M

N

S

Y

参考文献

Chapter 2: People and their life-styles

For Rather of Verona: *Opera minora (Minor works)*, ed. Peter L. D. Reid (Turnhout: Brepols, 1976), 5; and the Irish poem: *Early Irish Satire*, ed. Roisin McLaughlin (Dublin: Dublin Institute for Advanced Studies, School of Celtic Studies, 2008), 149.

On Osbert of Clare: Jacqueline Murray, 'One Flesh, Two Sexes, Three Genders?', in Lisa M. Bitel and Felice Lifshitz (eds.), *Gender and Christianity in Medieval Europe: New Perspectives* (Philadelphia: University of Pennsylvania Press, 2008), 52–75, at p. 43; on Catherine of Siena, Raymond of Capua, *The Life of St. Catherine of Siena*, trans. George Lamb (London: Harvill Press, 1960), 61.

On Hartmann von Aue: Elizabeth Archibald, *Incest and the Medieval Imagination* (Oxford: Clarendon Press, 2001), 111–113.

On Life of St Gellert: Gabor Klaniczay, '"Popular Culture" in Medieval Hagiography and in Recent Historiography', in Paolo Golinelli (ed.), *Agiografia e culture popolari. Hagiography and Popular Culture. In ricordo di Pietro Boglioni* (Bologna: CLUEB, 2012), 7–44, at pp. 17–18.

For Ingatestone, Essex: Judith M. Bennett, *Ale, Beer, and Brewsters: Women's Work in a Changing World, 1300–1600* (New York: Oxford University Press, 1996), 159; and on Floreta d'Ays: Monica H. Green and Daniel Lord Smail, 'The Trial of Floreta d'Ays (1403): Jews, Christians, and Obstetrics in Later Medieval Marseille', *Journal of Medieval History* 34 (2008), 185–211.

For the Irish poem: *Early Irish Satire*, 4; on Genovefa: Lisa M. Bitel, *Landscape with Two Saints: How Genovefa of Paris and Brigit of*

Kildare Built Christianity in Barbarian Europe (Oxford: Oxford University Press, 2009), 55–57.

On the Life of Barbatus: Paolo Squatriti, *Landscape and Change in Early Medieval Italy: Chestnuts, Economy, and Culture* (Cambridge: Cambridge University Press, 2013), 1–3.

On King Olaf: Stephen A. Mitchell, *Witchcraft and Magic in the Nordic Middle Ages* (Philadelphia: University of Pennsylvania Press, 2011), 92–93.

Chapter 3: The big idea: Christian salvation

On the Conversion of the Livs: Alan V. Murray 'Henry the Interpreter: Language, Orality and Communication in the Thirteenth-Century Livonian Mission', in *Crusading and Chronicle Writing on the Medievel Baltic Frontier: A Companion to the Chronicle of Henry of Livonia*, ed. Marek Tamn, Linda Kaljundi and Carsten Selch Jensen (Farnham: Ashgate, 2011), pp. 107–134. at 107–108.

On Dhuoda: Janet L. Nelson, 'Dhuoda on Dreams', in Conrad Leyser and Lesley Smith (eds.), *Motherhood, Religion, and Society in Medieval Europe, 400–1400: Essays Presented to Henrietta Leyser* (Farnham: Ashgate, 2011), 41–54.

On the Life of St Leoba: *Anchoress and Abbess in Ninth-Century Saxony: The Lives of Liutbirga of Wendhausen and Hathumoda of Gandersheim*, trans. with an introduction by Frederick S. Paxton, (Washington (DC): Catholic University Press, 2009), 43.

On Kołbacz: Emilia Jamroziak, *Survival and Success on Medieval Borders: Cistercian Houses in Medieval Scotland and Pomerania from the Twelfth to the Late Fourteenth Century* (Turnhout: Brepols, 2011), 85; on Løgum: James France, *Separate but Equal: Cistercian Lay Brothers, 1120–1350* (Collegeville (MN): Liturgical Press, 2012), 4; on Hathumoda: *Anchoress and Abbess in Ninth-Century Saxony*, 69.

On the *Salve regina*: Caesarius of Heisterbach, *The Dialogue on Miracles*, trans. H. von E. Scott and C. C. Swinton Bland, with an introduction by G. G. Coulton (London: G. Routledge and Sons, 1929), 497–498.

On Franciscans in Denmark: Hans Krongaard Kristensen, *The Franciscan Friary of Svendborg* (Svendborg: Svendborg County Museum, 1994), 11.

Chapter 4: Kingship, lordship, and government

On the terms and treaties: Jenny Benham, 'Law or Treaty? Defining the Edge of Legal Studies in the Early and High Medieval Periods', *Historical Research* 86 (2013), 487–497; at p. 495.

Chapter 5: Exchange, environments, and resources

On woodland: Squatriti, *Landscape and Change in Early Medieval Italy*.

On water supply: Paolo Squatriti, *Water and Society in Early Medieval Italy, AD 400–1000* (Cambridge: Cambridge University Press, 2009).

For the image of a boy fallen into a river, British Library Yates Thompson 47, fo. 94v, 1461–*c*.1475.

On salmon in Iceland: Steinar Imsen (ed.), *The Norwegian Domination and the Norse World, c.1100–c.1400* (Trondheim: Tapir Academic Press, 2010), 128.

Chapter 6: The 'Middle Ages' of 'others'

On Hrabanus Maurus: Julia M. H. Smith, *Europe after Rome: A New Cultural History 500–1000* (Oxford: Oxford University Press, 2005), 232.

On Geza: Smith, *Europe after Rome*, 235.

Chapter 7: The 'Middle Ages' in our daily lives

On the University of Paris: Ian P. Wei and Adam R. Nelson (eds.), *The Global University: Past, Present, and Future Perspectives* (New York: Palgrave Macmillan, 2012), 133–151, at p. 135.

On Occitan poetry: Sarah Kay, *Parrots and Nightingales: Troubadour Quotations and the Development of European Poetry* (Philadelphia (PA): University of Pennsylvania Press, 2013), 57.

扩展阅读

Here are some of the books that have influenced the ways we think about the period 500–1500, with their research findings and interpretations.

Marc Bloch, *Feudal Society* (London: Routledge and Kegan Paul, 1961).
Jacques Le Goff, *Medieval Civilization, 400–1500*, trans. Julia Barrow (Oxford: Basil Blackwell, 1988).
Henri Pirenne, *Medieval Cities: Their Origins and the Revival of Trade*, trans. Frank D. Halsey (Princeton (NJ): Princeton University Press, 1969).
Eileen Power, *Medieval People* (London: Methuen, 1924).
Richard W. Southern, *The Making of the Middle Ages* (London: Hutchinson's University Library, 1953).

Chapter 1: 'The Middle Ages'?

Robert Bartlett, *The Making of Europe: Conquest, Colonization and Cultural Change, 950–1350* (London: Penguin, 1994).
Nora Berend (ed.), *Christianization and the Rise of Christian Monarchy: Scandinavia, Central Europe and Rus' c.900–1200* (Cambridge: Cambridge University Press, 2010).
Michael Camille, *The Gargoyles of Notre-Dame: Medievalism and the Monsters of Modernity* (Chicago: University of Chicago Press, 2009).
Yitzhak Hen, *Roman Barbarians: The Royal Court and Culture in the Early Medieval West* (Basingstoke: Palgrave Macmillan, 2007).
William C. Jordan, *Europe in the High Middle Ages* (London: Allen Lane, 2001).

Jonathan Riley-Smith, *The First Crusade and the Idea of Crusading* (London: Athlone, 1993).
Julia M. H. Smith, *Europe after Rome: A New Cultural History 500–1000* (Oxford: Oxford University Press, 2005).
Chris Wickham, *The Inheritance of Rome: A History of Europe from 400 to 1000* (London: Alan Lane, 2009).

Chapter 2: People and their life-styles

Joan Cadden, *Meanings of Sex Difference in the Middle Ages: Medicine, Science, and Culture* (Cambridge: Cambridge University Press, 1993).
Heinrich Fichtenau, *Living in the Tenth Century: Mentalities and Social Orders*, trans. Patrick J. Geary (Chicago: University of Chicago Press, 1991).
Paul Freedman, *Images of the Medieval Peasant* (Stanford (CA): Stanford University Press, 1999).
Maurice Keen, *Chivalry* (New Haven (CN): Yale Nota Bene, 2005).
Phillipp R. Schofield, *Peasant and Community in Medieval England, 1200–1500* (Basingstoke: Palgrave Macmillan, 2003).

Chapter 3: The big idea: Christian salvation

Paul Binski, *Becket's Crown: Art and Imagination in Gothic England, 1170–1300* (New Haven (CN): Yale University Press, 2004).
Peter Brown, *The Rise of Western Christendom: Triumph and Diversity, A.D. 200–1000*, 10th anniversary rev. edn (Chichester: Wiley-Blackwell, 2013).
Caroline Walker Bynum, *Holy Feast and Holy Fast: The Religious Significance of Food to Medieval Women* (Berkeley (CA): University of California Press, 1987).
Patrick Geary, *Living with the Dead in the Middle Ages* (Ithaca (NY): Cornell University Press, 1994).
Jacques Le Goff, *The Birth of Purgatory*, trans. Arthur Goldhammer (Aldershot: Scolar, 1990).

Chapter 4: Kingship, lordship, and government

Sverre Bagge, *From Viking Stronghold to Christian Kingdom: State Formation in Norway, c.900–1350* (Copenhagen: University of Copenhagen Press, 2010).

Thomas N. Bisson, *The Crisis of the Twelfth Century: Power, Lordship, and the Origins of European Government* (Princeton (NJ): Princeton University Press, 2009).

Susan Reynolds, *Fiefs and Vassals: The Medieval Evidence Reinterpreted* (Oxford: Oxford University Press, 1994).

John Watts, *The Making of Polities: Europe, 1300–1500* (Cambridge: Cambridge University Press, 2009).

Chapter 5: Exchange, environments, and resources

Olivia Remie Constable, *Housing the Stranger in the Mediterranean World: Lodging, Trade, and Travel in Late Antiquity and the Middle Ages* (Cambridge: Cambridge University Press, 2003).

William C. Jordan, *The Great Famine: Northern Europe in the Early Fourteenth Century* (Princeton (NJ): Princeton University Press: 1996).

Paolo Squatriti, *Water and Society in Early Medieval Italy* (Cambridge: Cambridge University Press, 1998).

Chapter 6: The 'Middle Ages' of 'others'

Anna Sapir Abulafia, *Christian–Jewish Relations, 1000–1300: Jews in the Service of Medieval Christendom* (Harlow: Pearson Longman, 2011).

Dominique Iogna-Prat, *Order and Exclusion: Cluny and Christendom Face Heresy, Judaism, and Islam (1000–1150)*, trans. Graham Robert Edwards (Ithaca (NY): Cornell Univesrity Press, 2002).

R. I. Moore, *The Formation of a Persecuting Society: Authority and Deviance in Western Europe 950–1250*, 2nd edn (Oxford: Blackwell, 2007).

David Nirenberg, *Communities of Violence: Persecution of Minorities in the Middle Ages* (Princeton (NJ): Princeton University Press, 1996).

Chapter 7: The 'Middle Ages' in our daily lives

Christopher de Hamel, *Bibles: An Illustrated History from Papyrus to Print* (Oxford: Bodleian Library, 2011).

Christopher Page, *Discarding Images: Reflections on Music and Culture in Medieval France* (Oxford: Clarendon, 1993).

Ian Wei, *Intellectual Culture in Medieval Paris: Theologians and the University c.1100–1300* (Cambridge: Cambridge University Press, 2012).